COLLECTION

DES

CLASSIQUES FRANÇOIS,

DIRIGÉE PAR L. S. AUGER,

DE L'ACADÉMIE FRANÇOISE.

IMPRIMERIE DE JULES DIDOT AINÉ,
IMPRIMEUR DU ROI,
Rue du Pont-de-Lodi, nº 6.

ŒUVRES

COMPLÈTES

DE BOILEAU.

TOME SECOND.

A PARIS,

CHEZ LEFÈVRE, RUE DE L'ÉPERON, N° 6,
ET BRIÈRE, RUE S.-ANDRÉ, N° 68.

1825.

L'ART POÉTIQUE.

ŒUVRES
DE
BOILEAU DESPRÉAUX.

L'ART POÉTIQUE.
(1669 - 1674.)

CHANT PREMIER.

C'est en vain qu'au Parnasse un téméraire auteur
Pense de l'art des vers atteindre la hauteur :
S'il ne sent point du ciel l'influence secrète,
Si son astre en naissant ne l'a formé poëte,
Dans son génie étroit il est toujours captif ;
Pour lui Phébus est sourd, et Pégase est rétif.
  O vous donc, qui brûlant d'une ardeur périlleuse,
Courez du bel esprit[1] la carrière épineuse,
N'allez pas sur des vers sans fruit vous consumer,
Ni prendre pour génie un amour de rimer :

---

[1] *Bel esprit.* Ce mot est ici pour *talent, génie ;* il a perdu cette signification.

Craignez d'un vain plaisir les trompeuses amorces,
Et consultez long-temps votre esprit et vos forces [1].

La nature, fertile en esprits excellents,
Sait entre les auteurs partager les talents :
L'un peut tracer en vers une amoureuse flamme ;
L'autre d'un trait plaisant aiguiser l'épigramme :
Malherbe d'un héros peut vanter les exploits ;
Racan, chanter Philis, les bergers et les bois.
Mais souvent un esprit qui se flatte et qui s'aime,
Méconnoît son génie, et s'ignore soi-même :
Ainsi tel [2], autrefois qu'on vit avec Faret [3]
Charbonner de ses vers les murs d'un cabaret [4],
S'en va mal-à-propos d'une voix insolente
Chanter du peuple hébreu la fuite triomphante,
Et, poursuivant Moïse au travers des déserts,
Court avec Pharaon se noyer dans les mers.

Quelque sujet qu'on traite, ou plaisant, ou sublime,
Que toujours le bon sens s'accorde avec la rime :
L'un l'autre vainement ils semblent se haïr ;
La rime est une esclave, et ne doit qu'obéir.
Lorsqu'à la bien chercher d'abord on s'évertue,

---

[1] *Imit.* HORAT. de Arte poet., v. 39.

[2] Saint-Amand, auteur du MOÏSE SAUVÉ. (BOIL.)

[3] Faret, auteur du livre intitulé L'HONNÊTE HOMME, et ami de Saint-Amand. (BOIL.)

[4] *Imit.* MARTIAL., lib. XII, epig. 62.

L'esprit à la trouver aisément s'habitue;
Au joug de la raison sans peine elle fléchit,
Et, loin de la gêner, la sert et l'enrichit.
Mais, lorsqu'on la néglige, elle devient rebelle;
Et pour la rattraper le sens court après elle.
Aimez donc la raison : que toujours vos écrits
Empruntent d'elle seule et leur lustre et leur prix.

 La plupart, emportés d'une fougue insensée,
Toujours loin du droit sens vont chercher leur pensée :
Ils croiroient s'abaisser dans leurs vers monstrueux,
S'ils pensoient ce qu'un autre a pu penser comme eux.
Évitons ces excès : laissons à l'Italie
De tous ces faux brillants l'éclatante folie.
Tout doit tendre au bon sens : mais pour y parvenir,
Le chemin est glissant et pénible à tenir;
Pour peu qu'on s'en écarte, aussitôt on se noie.
La raison pour marcher n'a souvent qu'une voie.

 Un auteur quelquefois trop plein de son objet,
Jamais sans l'épuiser n'abandonne un sujet.
S'il rencontre un palais, il m'en dépeint la face;
Il me promène après de terrasse en terrasse;
Ici s'offre un perron; là règne un corridor;
Là ce balcon s'enferme en un balustre d'or.
Il compte des plafonds les ronds et les ovales;
Ce ne sont que festons, ce ne sont qu'astragales [1].

[1] Vers de Scudéri. (BOIL.) — Dans son poëme d'Alaric, liv. III.

Je saute vingt feuillets pour en trouver la fin,
Et je me sauve à peine au travers du jardin.
Fuyez de ces auteurs l'abondance stérile,
Et ne vous chargez point d'un détail inutile.
Tout ce qu'on dit de trop est fade et rebutant:
L'esprit rassasié le rejette à l'instant [1].
Qui ne sait se borner ne sut jamais écrire.
   Souvent la peur d'un mal nous conduit dans un pire [2].
Un vers étoit trop foible; et vous le rendez dur:
J'évite d'être long, et je deviens obscur [3]:
L'un n'est point trop fardé; mais sa muse est trop nue:
L'autre a peur de ramper; il se perd dans la nue [4].
   Voulez-vous du public mériter les amours?
Sans cesse en écrivant variez vos discours.
Un style trop égal et toujours uniforme
En vain brille à nos yeux; il faut qu'il nous endorme.
On lit peu ces auteurs, nés pour nous ennuyer,
Qui toujours sur un ton semblent psalmodier.
   Heureux qui, dans ses vers, sait d'une voix légère [5]
Passer du grave au doux, du plaisant au sévère!
Son livre, aimé du ciel, et chéri des lecteurs,
Est souvent chez Barbin entouré d'acheteurs.
   Quoi que vous écriviez, évitez la bassesse:

---

[1] *Imit.* HORAT. de Arte poet., v. 337. — [2] Ibid., v. 31. — [3] Ibid., v. 25 et seq. — [4] Ibid., v. 230. — [5] Ibid., v. 341 et seq.

CHANT I.

Le style le moins noble a pourtant sa noblesse.
Au mépris du bon sens, le burlesque effronté ¹
Trompa les yeux d'abord, plut par sa nouveauté :
On ne vit plus en vers que pointes triviales ;
Le Parnasse parla le langage des halles :
La licence à rimer alors n'eut plus de frein ;
Apollon travesti devint un Tabarin ².
Cette contagion infecta les provinces,
Du clerc et du bourgeois passa jusques aux princes ;
Le plus mauvais plaisant eut ses approbateurs ;
Et, jusqu'à d'Assouci ³, tout trouva des lecteurs.
Mais de ce style enfin la cour désabusée
Dédaigna de ces vers l'extravagance aisée,
Distingua le naïf du plat et du bouffon,
Et laissa la province admirer le Typhon ⁴.
Que ce style jamais ne souille votre ouvrage.
Imitons de Marot l'élégant badinage,
Et laissons le burlesque aux plaisants du Pont-Neuf ⁵.

¹ Le style burlesque fut extrêmement en vogue, depuis le commencement du dernier siècle jusque vers 1660, qu'il tomba. (Boil.)

² Bouffon grossier, valet de Mondor, charlatan célèbre au commencement du dix-septième siècle.

³ Pitoyable auteur qui a composé l'Ovide en belle humeur. (Boil.)

⁴ Ou la Gigantomachie, poëme burlesque de Scarron.

⁵ Les vendeurs de mithridate, et les joueurs de marionnettes, se mettent depuis long-temps sur le Pont-Neuf. (Boil.)

Mais n'allez point aussi, sur les pas de Brébeuf,
Même en une Pharsale, entasser sur les rives
« De morts et de mourants cent montagnes plaintives[1]. »
Prenez mieux votre ton. Soyez simple avec art,
Sublime sans orgueil, agréable sans fard.

N'offrez rien au lecteur que ce qui peut lui plaire.
Ayez pour la cadence une oreille sévère :
Que toujours dans vos vers le sens coupant les mots
Suspende l'hémistiche, en marque le repos.

Gardez qu'une voyelle à courir trop hâtée
Ne soit d'une voyelle en son chemin heurtée.

Il est un heureux choix de mots harmonieux.
Fuyez des mauvais sons le concours odieux :
Le vers le mieux rempli, la plus noble pensée,
Ne peut plaire à l'esprit quand l'oreille est blessée.

Durant les premiers ans du Parnasse françois,
Le caprice tout seul faisoit toutes les lois.
La rime, au bout des mots assemblés sans mesure,
Tenoit lieu d'ornements, de nombre et de césure.
Villon sut le premier, dans ces siècles grossiers,
Débrouiller l'art confus de nos vieux romanciers[2].
Marot bientôt après fit fleurir les ballades,

---

[1] Vers de Brébeuf. Pharsale, liv. VII.

[2] La plupart de nos plus anciens romans françois sont en vers confus, et sans ordre, comme le Roman de la Rose, et plusieurs autres. (BOIL.)

CHANT I.

Tourna des triolets, rima des mascarades,
A des refrains réglés asservit les rondeaux,
Et montra pour rimer des chemins tout nouveaux.
Ronsard, qui le suivit, par une autre méthode,
Réglant tout, brouilla tout, fit un art à sa mode,
Et toutefois long-temps eut un heureux destin.
Mais sa muse, en françois parlant grec et latin,
Vit dans l'âge suivant, par un retour grotesque,
Tomber de ses grands mots le faste pédantesque.
Ce poëte orgueilleux, trébuché de si haut,
Rendit plus retenus Desportes[1] et Bertaut[2].
  Enfin Malherbe vint; et, le premier en France,
Fit sentir dans les vers une juste cadence,

---

[1] Philippe Desportes, abbé de Tiron, lecteur de la Chambre du Roi, conseiller d'état, surnommé, pour la douceur et la facilité de ses vers, le Tibulle françois, étoit né à Chartres. Il mourut à Paris en 1606, la même année que naquit le grand Corneille. Malherbe a commenté les œuvres de Desportes; et ce commentaire, inédit jusqu'à ce jour, se trouve dans l'édition de Malherbe, donnée par M. Lefèvre, et faisant partie de sa COLLECTION DES CLASSIQUES FRANÇOIS, in-8º.

[2] Jean Bertaut naquit à Caen, patrie de Malherbe, et fut successivement premier aumônier de Catherine de Médicis, lecteur de Henri III, et évêque de Séez. Il mourut en 1611, après avoir contribué à la conversion d'Henri IV.

D'un mot mis en sa place enseigna le pouvoir,
Et réduisit la muse aux règles du devoir.
Par ce sage écrivain la langue réparée
N'offrit plus rien de rude à l'oreille épurée.
Les stances avec grace apprirent à tomber,
Et le vers sur le vers n'osa plus enjamber.
Tout reconnut ses lois; et ce guide fidèle
Aux auteurs de ce temps sert encor de modèle.
Marchez donc sur ses pas; aimez sa pureté,
Et de son tour heureux imitez la clarté.
Si le sens de vos vers tarde à se faire entendre,
Mon esprit aussitôt commence à se détendre;
Et, de vos vains discours prompt à se détacher,
Ne suit point un auteur qu'il faut toujours chercher.

Il est certains esprits dont les sombres pensées
Sont d'un nuage épais toujours embarrassées;
Le jour de la raison ne le sauroit percer.
Avant donc que d'écrire, apprenez à penser.
Selon que notre idée est plus ou moins obscure,
L'expression la suit, ou moins nette, ou plus pure.
Ce que l'on conçoit bien s'énonce clairement,
Et les mots pour le dire arrivent aisément[1].

Sur-tout qu'en vos écrits la langue révérée
Dans vos plus grands excès vous soit toujours sacrée.
En vain vous me frappez d'un son mélodieux,

---

[1] *Imit.* Horat. de Arte poet., v. 40. — v. 311.

Si le terme est impropre, ou le tour vicieux :
Mon esprit n'admet point un pompeux barbarisme,
Ni d'un vers ampoulé l'orgueilleux solécisme.
Sans la langue, en un mot, l'auteur le plus divin
Est toujours, quoi qu'il fasse, un méchant écrivain.

 Travaillez à loisir, quelque ordre qui vous presse [1],
Et ne vous piquez point d'une folle vitesse :
Un style si rapide, et qui court en rimant,
Marque moins trop d'esprit, que peu de jugement.
J'aime mieux un ruisseau qui, sur la molle arène,
Dans un pré plein de fleurs lentement se promène,
Qu'un torrent débordé qui, d'un cours orageux,
Roule, plein de gravier, sur un terrain fangeux.
Hâtez-vous lentement; et sans perdre courage,
Vingt fois sur le métier remettez votre ouvrage :
Polissez-le sans cesse et le repolissez;
Ajoutez quelquefois, et souvent effacez [2].

 C'est peu qu'en un ouvrage où les fautes fourmillent
Des traits d'esprit semés de temps en temps pétillent;
Il faut que chaque chose y soit mise en son lieu;
Que le début, la fin, répondent au milieu [3];

---

[1] Scudéri disoit toujours, pour s'excuser de travailler si vite, qu'il avoit ordre de finir. (BOIL.)

[2] *Imit.* HORAT. de Arte poet., v. 291.—Lib. I, sat. 1, v. 72.

[3] *Imit.* HORAT. de Arte poet., v. 152.

Que d'un art délicat les pièces assorties
N'y forment qu'un seul tout de diverses parties [1] ;
Que jamais du sujet le discours s'écartant
N'aille chercher trop loin quelque mot éclatant.

 Craignez-vous pour vos vers la censure publique ?
Soyez-vous à vous-même un sévère critique [2] :
L'ignorance toujours est prête à s'admirer.

 Faites-vous des amis prompts à vous censurer ;
Qu'ils soient de vos écrits des confidents sincères,
Et de tous vos défauts les zélés adversaires :
Dépouillez devant eux l'arrogance d'auteur.
Mais sachez de l'ami discerner le flatteur :
Tel vous semble applaudir, qui vous raille et vous joue.
Aimez qu'on vous conseille, et non pas qu'on vous loue.

 Un flatteur aussitôt cherche à se récrier :
Chaque vers qu'il entend le fait extasier.
Tout est charmant, divin ; aucun mot ne le blesse :
Il trépigne de joie, il pleure de tendresse [3] :
Il vous comble par-tout d'éloges fastueux.
La vérité n'a point cet air impétueux.

 Un sage ami, toujours rigoureux, inflexible,
Sur vos fautes jamais ne vous laisse paisible :
Il ne pardonne point les endroits négligés [4],

---

[1] *Imit.* Horat. de Arte poet., v. 23. — [2] Lib. II, epist. II, v. 110. — [3] De Arte poet., v. 431. — [4] Ibid. v. 445 et seq.

Il renvoie en leur lieu les vers mal arrangés,
Il réprime des mots l'ambitieuse emphase;
Ici le sens le choque, et plus loin c'est la phrase.
Votre construction semble un peu s'obscurcir :
Ce terme est équivoque, il le faut éclaircir.
C'est ainsi que vous parle un ami véritable.
Mais souvent sur ses vers un auteur intraitable
A les protéger tous se croit intéressé,
Et d'abord prend en main le droit de l'offensé.
De ce vers, direz-vous, l'expression est basse. —
Ah! monsieur, pour ce vers je vous demande grace,
Répondra-t-il d'abord. — Ce mot me semble froid;
Je le retrancherois. — C'est le plus bel endroit! —
Ce tour ne me plaît pas. — Tout le monde l'admire.
   Ainsi, toujours constant à ne se point dédire,
Qu'un mot dans son ouvrage ait paru vous blesser,
C'est un titre chez lui pour ne point l'effacer.
Cependant, à l'entendre, il chérit la critique :
Vous avez sur ses vers un pouvoir despotique.
Mais tout ce beau discours dont il vient vous flatter
N'est rien qu'un piége adroit pour vous les réciter [1].
Aussitôt il vous quitte; et, content de sa muse,
S'en va chercher ailleurs quelque fat qu'il abuse :

---

[1] « Quinault n'a voulu se raccommoder avec moi, di-
« soit Boileau, que pour me parler de ses vers, et il ne
« me parle jamais des miens. »

Car souvent il en trouve. Ainsi qu'en sots auteurs,
Notre siècle est fertile en sots admirateurs;
Et, sans ceux que fournit la ville et la province,
Il en est chez le duc, il en est chez le prince.
L'ouvrage le plus plat a, chez les courtisans,
De tout temps rencontré de zélés partisans;
Et, pour finir enfin par un trait de satire,
Un sot trouve toujours un plus sot qui l'admire.

CHANT II.

Telle qu'une bergère, au plus beau jour de fête,
De superbes rubis ne charge point sa tête,
Et, sans mêler à l'or l'éclat des diamants,
Cueille en un champ voisin ses plus beaux ornements :
Telle, aimable en son air, mais humble dans son style,
Doit éclater sans pompe une élégante idylle.
Son tour simple et naïf n'a rien de fastueux,
Et n'aime point l'orgueil d'un vers présomptueux.
Il faut que sa douceur flatte, chatouille, éveille,
Et jamais de grands mots n'épouvante l'oreille.

    Mais souvent dans ce style un rimeur aux abois
Jette là, de dépit, la flûte et le hautbois ;
Et, follement pompeux dans sa verve indiscrète,
Au milieu d'une églogue entonne la trompette.
De peur de l'écouter, Pan fuit dans les roseaux ;
Et les nymphes, d'effroi, se cachent sous les eaux.

    Au contraire, cet autre, abject en son langage,
Fait parler ses bergers comme on parle au village.
Ses vers plats et grossiers, dépouillés d'agrément,
Toujours baisent la terre, et rampent tristement :
On diroit que Ronsard, sur ses pipeaux rustiques,
Vient encor fredonner ses idylles gothiques,
Et changer, sans respect de l'oreille et du son,

Lycidas en Pierrot, et Philis en Toinon.
 Entre ces deux excès la route est difficile.
Suivez, pour la trouver, Théocrite et Virgile :
Que leurs tendres écrits, par les Graces dictés,
Ne quittent point vos mains, jour et nuit feuilletés [1].
Seuls, dans leurs doctes vers, ils pourront vous apprendre
Par quel art sans bassesse un auteur peut descendre ;
Chanter Flore, les champs, Pomone, les vergers ;
Au combat de la flûte animer deux bergers ;
Des plaisirs de l'amour vanter la douce amorce ;
Changer Narcisse en fleur, couvrir Daphné d'écorce ;
Et par quel art encor l'églogue quelquefois
Rend dignes d'un consul la campagne et les bois [2].
Telle est de ce poëme et la force et la grace.

 D'un ton un peu plus haut, mais pourtant sans audace,
La plaintive élégie, en longs habits de deuil,
Sait, les cheveux épars, gémir sur un cercueil [3].
Elle peint des amants la joie et la tristesse ;
Flatte, menace, irrite, apaise une maîtresse ;
Mais, pour bien exprimer ces caprices heureux,
C'est peu d'être poëte, il faut être amoureux.

 Je hais ces vains auteurs dont la muse forcée
M'entretient de ses feux, toujours froide et glacée ;

---

[1] *Imit.* HORAT., de Arte poet., v. 268.
[2] VIRG. egl. IV. (BOIL.)
[3] *Imit.* HORAT. de Arte poet., v. 75.

CHANT II.

Qui s'affligent par art, et, fous de sens rassis,
S'érigent, pour rimer, en amoureux transis.
Leurs transports les plus doux ne sont que phrases vaines ;
Ils ne savent jamais que se charger de chaînes,
Que bénir leur martyre, adorer leur prison,
Et faire quereller les sens et la raison.
Ce n'étoit pas jadis sur ce ton ridicule
Qu'Amour dictoit les vers que soupiroit Tibulle [1] ;
Ou que du tendre Ovide animant les doux sons,
Il donnoit de son art les charmantes leçons.
Il faut que le cœur seul parle dans l'élégie.

L'ode, avec plus d'éclat, et non moins d'énergie,
Élevant jusqu'au ciel son vol ambitieux,
Entretient dans ses vers commerce avec les dieux.
Aux athlètes dans Pise [2] elle ouvre la barrière,
Chante un vainqueur poudreux au bout de la carrière ;
Mène Achille sanglant aux bords du Simoïs,
Ou fait fléchir l'Escaut sous le joug de Louis.
Tantôt, comme une abeille ardente à son ouvrage [3],
Elle s'en va de fleurs dépouiller le rivage :
Elle peint les festins, les danses et les ris ;

---

[1] *Imit.* TIBUL., lib. I, eleg. VII, v. 41. — Ibid., lib. I, eleg. V, v. 11.

[2] Pise, en Élide, où l'on célébroit les jeux olympiques. (BOIL.)

[3] *Imit.* HORAT., lib. IV, od. II.

Vante un baiser cueilli sur les lèvres d'Iris,
Qui mollement résiste¹, et par un doux caprice,
Quelquefois le refuse, afin qu'on le ravisse.
Son style impétueux souvent marche au hasard :
Chez elle un beau désordre est un effet de l'art.

Loin ces rimeurs craintifs dont l'esprit flegmatique
Garde dans ses fureurs un ordre didactique ;
Qui, chantant d'un héros les progrès éclatants,
Maigres historiens, suivront l'ordre des temps.
Ils n'osent un moment perdre un sujet de vue :
Pour prendre Dôle, il faut que Lille soit rendue² ;
Et que leur vers, exact ainsi que Mézerai³,
Ait fait déja tomber les remparts de Courtrai.
Apollon de son feu leur fut toujours avare.

On dit, à ce propos, qu'un jour ce dieu bizarre,
Voulant pousser à bout tous les rimeurs françois,
Inventa du sonnet les rigoureuses lois ;

---

¹ *Imit.* HORAT., lib. II, od. XII, v. 25. Cette dernière imitation a été indiquée par Boileau.

² Lille et Courtrai furent pris en 1667, et Dôle en 1668.

³ François Eudes ajouta à son nom celui de *Mézeray*, petit hameau de la Basse-Normandie, pour se distinguer de ses frères. Son HISTOIRE DE L'ORIGINE DES FRANÇOIS, et son ABRÉGÉ CHRONOLOGIQUE DE L'HISTOIRE DE FRANCE, lui donnent une place honorable parmi nos historiens. Il mourut, âgé de soixante-treize ans, le 10 juillet 1683, après avoir exercé la charge d'historiographe du Roi.

CHANT II.

Voulut qu'en deux quatrains de mesure pareille,
La rime avec deux sons frappât huit fois l'oreille [1];
Et qu'ensuite six vers artistement rangés,
Fussent en deux tercets par le sens partagés.
Sur-tout de ce poëme il bannit la licence;
Lui-même en mesura le nombre et la cadence;
Défendit qu'un vers foible y pût jamais entrer,
Ni qu'un mot déja mis osât s'y remontrer.
Du reste il l'enrichit d'une beauté suprême :
Un sonnet sans défaut vaut seul un long poëme.
Mais en vain mille auteurs y pensent arriver;
Et cet heureux phénix est encore à trouver.
A peine dans Gombaut, Maynard et Malleville [2],
En peut-on admirer deux ou trois entre mille :
Le reste, aussi peu lu que ceux de Pelletier,
N'a fait de chez Sercy [3] qu'un saut chez l'épicier.
Pour enfermer son sens dans la borne prescrite,
La mesure est toujours trop longue ou trop petite.

L'épigramme, plus libre en son tour plus borné,
N'est souvent qu'un bon mot de deux rimes orné.
Jadis de nos auteurs les pointes ignorées
Furent de l'Italie en nos vers attirées.
Le vulgaire, ébloui de leur faux agrément,

---

[1] *Imit.* HORAT. de Arte poet., v. 253.
[2] Beaux esprits du dix-septième siècle.
[3] Libraire du Palais. (BOIL.)

A ce nouvel appât courut avidement.
La faveur du public excitant leur audace,
Leur nombre impétueux inonda le Parnasse :
Le madrigal d'abord en fut enveloppé ;
Le sonnet orgueilleux lui-même en fut frappé ;
La tragédie en fit ses plus chères délices ;
L'élégie en orna ses douloureux caprices ;
Un héros sur la scène eut soin de s'en parer,
Et sans pointe un amant n'osa plus soupirer ;
On vit tous les bergers, dans leurs plaintes nouvelles,
Fidèles à la pointe, encor plus qu'à leurs belles ;
Chaque mot eut toujours deux visages divers :
La prose la reçut aussi bien que les vers ;
L'avocat au palais en hérissa son style,
Et le docteur [2] en chaire en sema l'évangile.

 La raison outragée enfin ouvrit les yeux,
La chassa pour jamais des discours sérieux,
Et, dans tous ses écrits la déclarant infame,
Par grace lui laissa l'entrée en l'épigramme,
Pourvu que sa finesse, éclatant à propos,
Roulât sur la pensée, et non pas sur les mots.
Ainsi de toutes parts les désordres cessèrent.

 [1] La Sylvie de Mairet. (Boil.) — Sophonisbe est le meilleur ouvrage de ce poëte, qui fut un instant regardé comme le rival de Corneille.

 [2] Le petit père André, augustin. (Boil.)

CHANT II.

Toutefois à la cour les turlupins[1] restèrent,
Insipides plaisants, bouffons infortunés,
D'un jeu de mots grossier partisans surannés.
Ce n'est pas quelquefois qu'une muse un peu fine
Sur un mot, en passant, ne joue et ne badine,
Et d'un sens détourné n'abuse avec succès :
Mais fuyez sur ce point un ridicule excès ;
Et n'allez pas toujours d'une pointe frivole
Aiguiser par la queue une épigramme folle.
   Tout poëme est brillant de sa propre beauté.
Le rondeau, né gaulois, a la naïveté :
La ballade, asservie à ses vieilles maximes,
Souvent doit tout son lustre au caprice des rimes.
Le madrigal, plus simple et plus noble en son tour,
Respire la douceur, la tendresse et l'amour.
   L'ardeur de se montrer, et non pas de médire,
Arma la Vérité du vers de la satire.
Lucile le premier osa la faire voir[2],
Aux vices des Romains présenta le miroir,
Vengea l'humble vertu de la richesse altière,
Et l'honnête homme à pied du faquin en litière.

---

  [1] Nom d'un comédien attaché à l'hôtel de Bourgogne, et dont l'emploi étoit de divertir les spectateurs par des pointes et des jeux de mots.
  [2] *Imit.* HORAT., lib. II, sat. I, v. 62. — Nous avons déja parlé de Lucile dans les notes sur la satire IX.

Horace à cette aigreur mêla son enjouement[1] :
On ne fut plus ni fat ni sot impunément ;
Et malheur à tout nom, qui, propre à la censure,
Put entrer dans un vers sans rompre la mesure !
 Perse, en ses vers obscurs, mais serrés et pressants,
Affecta d'enfermer moins de mots que de sens.
 Juvénal, élevé dans les cris de l'école,
Poussa jusqu'à l'excès sa mordante hyperbole.
Ses ouvrages, tout pleins d'affreuses vérités,
Étincellent pourtant de sublimes beautés :
Soit que sur un écrit arrivé de Caprée[2]
Il brise de Séjan la statue adorée ;
Soit qu'il fasse au conseil courir les sénateurs[3],
D'un tyran soupçonneux pâles adulateurs ;
Ou que, poussant à bout la luxure latine,
Aux portefaix de Rome il vende Messaline[4].
Ses écrits pleins de feu par-tout brillent aux yeux.
 De ces maîtres savants disciple ingénieux,
Régnier seul parmi nous formé sur leurs modèles,
Dans son vieux style encore a des graces nouvelles.
Heureux, si ses discours, craints du chaste lecteur,
Ne se sentoient des lieux où fréquentoit l'auteur ;
Et si, du son hardi de ses rimes cyniques,

---

[1] *Imit.* Pers., sat. I, v. 116.
[2] Satire x. — [3] Satire iv. — [4] Satire vi. (Boil.) —
V. 71 - 74 - 116.

CHANT II.

Il n'alarmoit souvent les oreilles pudiques !
  Le latin, dans les mots, brave l'honnêteté :
Mais le lecteur françois veut être respecté ;
Du moindre sens impur la liberté l'outrage,
Si la pudeur des mots n'en adoucit l'image.
Je veux dans la satire un esprit de candeur,
Et fuis un effronté qui prêche la pudeur.
  D'un trait de ce poëme en bons mots si fertile,
Le François né malin forma le vaudeville ;
Agréable indiscret, qui, conduit par le chant,
Passe de bouche en bouche, et s'accroît en marchant
La liberté françoise en ses vers se déploie :
Cet enfant du plaisir veut naître dans la joie.
Toutefois n'allez pas, goguenard dangereux,
Faire Dieu le sujet d'un badinage affreux :
A la fin tous ces jeux que l'athéisme élève,
Conduisent tristement le plaisant à la Grève.
Il faut, même en chansons, du bon sens et de l'art :
Mais pourtant on a vu le vin et le hasard
Inspirer quelquefois une muse grossière,
Et fournir, sans génie, un couplet à Linière.
Mais pour un vain bonheur qui vous a fait rimer,
Gardez qu'un sot orgueil ne vous vienne enfumer.
Souvent l'auteur altier de quelque chansonnette
Au même instant prend droit de se croire poëte :
Il ne dormira plus qu'il n'ait fait un sonnet ;
Il met tous les matins six impromptus au net.

Encore est-ce un miracle, en ses vagues furies,
Si bientôt, imprimant ses sottes rêveries,
Il ne se fait graver au-devant du recueil,
Couronné de lauriers par la main de Nanteuil[1].

[1] Fameux graveur. (BOIL.)

CHANT III.

Il n'est point de serpent, ni de monstre odieux,
Qui, par l'art imité, ne puisse plaire aux yeux :
D'un pinceau délicat l'artifice agréable
Du plus affreux objet fait un objet aimable.
Ainsi, pour nous charmer, la tragédie en pleurs
D'Œdipe tout sanglant fit parler les douleurs [1],
D'Oreste parricide exprima les alarmes,
Et, pour nous divertir, nous arracha des larmes.

Vous donc qui, d'un beau feu pour le théâtre épris,
Venez en vers pompeux y disputer le prix,
Voulez-vous sur la scène étaler des ouvrages
Où tout Paris en foule apporte ses suffrages,
Et qui, toujours plus beaux, plus ils sont regardés,
Soient au bout de vingt ans encor redemandés [2] ?
Que dans tous vos discours la passion émue
Aille chercher le cœur, l'échauffe, et le remue [3].
Si d'un beau mouvement l'agréable fureur
Souvent ne nous remplit d'une douce terreur,

---

[1] Sophocle. (BOIL.)
[2] *Imit.* HOR. de Arte poet., v. 190.
[3] *Imit.* HOR., lib. II, epist. I, v. 211.

Ou n'excite en notre ame une pitié charmante,
En vain vous étalez une scène savante :
Vos froids raisonnements ne feront qu'attiédir
Un spectateur, toujours paresseux d'applaudir,
Et qui, des vains efforts de votre rhétorique
Justement fatigué, s'endort, ou vous critique.
Le secret est d'abord de plaire et de toucher :
Inventez des ressorts qui puissent m'attacher.

Que dès les premiers vers l'action préparée
Sans peine du sujet aplanisse l'entrée.
Je me ris d'un acteur qui, lent à s'exprimer,
De ce qu'il veut, d'abord ne sait pas m'informer ;
Et qui, débrouillant mal une pénible intrigue,
D'un divertissement me fait une fatigue.
J'aimerois mieux encor qu'il déclinât son nom [1],
Et dît, Je suis Oreste, ou bien Agamemnon,
Que d'aller, par un tas de confuses merveilles,
Sans rien dire à l'esprit, étourdir les oreilles :
Le sujet n'est jamais assez tôt expliqué.

Que le lieu de la scène y soit fixe et marqué.
Un rimeur, sans péril, delà les Pyrénées [2],
Sur la scène en un jour renferme des années :
Là souvent le héros d'un spectacle grossier,
Enfant au premier acte, est barbon au dernier.

---

[1] Il y a de pareils exemples dans Euripide. (BOIL.)
[2] Voyez Lopez de Véga et Caldéron.

CHANT III.

Mais nous, que la raison à ses régles engage,
Nous voulons qu'avec art l'action se ménage;
Qu'en un lieu, qu'en un jour, un seul fait accompli
Tienne jusqu'à la fin le théâtre rempli.
 Jamais au spectateur n'offrez rien d'incroyable:
Le vrai peut quelquefois n'être pas vraisemblable [1].
Une merveille absurde est pour moi sans appas :
L'esprit n'est point ému de ce qu'il ne croit pas.
Ce qu'on ne doit point voir, qu'un récit nous l'expose ·
Les yeux en le voyant saisiroient mieux la chose;
Mais il est des objets que l'art judicieux
Doit offrir à l'oreille, et reculer des yeux.
 Que le trouble toujours croissant de scène en scène,
A son comble arrivé se débrouille sans peine.
L'esprit ne se sent point plus vivement frappé,
Que lorsqu'en un sujet d'intrigue enveloppé,
D'un secret tout-à-coup la vérité connue
Change tout, donne à tout une face imprévue.
 La tragédie, informe et grossière en naissant,
N'étoit qu'un simple chœur, où chacun en dansant,
Et du dieu des raisins entonnant les louanges,
S'efforçoit d'attirer de fertiles vendanges.
Là, le vin et la joie éveillant les esprits,
Du plus habile chantre un bouc étoit le prix [2].

---

[1] *Imit.* HOR. de Arte poet., v. 338. — Ibid. v. 180 et seq.
[2] *Imit.* HOR. de Arte poet., v. 220.

Thespis fut le premier qui, barbouillé de lie,
Promena par les bourgs[1] cette heureuse folie;
Et, d'acteurs mal ornés chargeant un tombereau,
Amusa les passants d'un spectacle nouveau[2].
Eschyle dans le chœur jeta les personnages,
D'un masque plus honnête habilla les visages,
Sur les ais d'un théâtre en public exhaussé,
Fit paroître l'acteur d'un brodequin chaussé[3].
Sophocle enfin, donnant l'essor à son génie,
Accrut encor la pompe, augmenta l'harmonie:
Intéressa le chœur dans toute l'action,
Des vers trop raboteux polit l'expression;
Lui donna chez les Grecs cette hauteur divine[4],
Où jamais n'atteignit la foiblesse latine.
Chez nos dévots aïeux le théâtre abhorré
Fut long-temps dans la France un plaisir ignoré.
De pèlerins, dit-on, une troupe grossière[5]

---

[1] Les bourgs de l'Attique. (BOIL.) — Thespis vivoit cinq cents ans environ avant Jésus-Christ.

[2] *Imit.* HOR. de Arte poet., v. 275.

[3] *Imit.* HOR. de Arte poet., v. 278. —Eschyle, qui vivoit un siècle après Thespis, eut, dans sa vieillesse, Sophocle pour rival. On a souvent comparé Corneille et Racine à ces deux poëtes.

[4] Voyez QUINTILIEN, liv. X, chap. 1er. (BOIL.)

[5] Leurs pièces sont imprimées. (BOIL.)

CHANT III.

En public à Paris y monta la première ;
Et, sottement zélée en sa simplicité,
Joua les Saints, la Vierge, et Dieu, par piété.
Le savoir, à la fin, dissipant l'ignorance,
Fit voir de ce projet la dévote imprudence.
On chassa ces docteurs prêchant sans mission ;
On vit renaître Hector, Andromaque, Ilion [1].
Seulement les acteurs laissant le masque antique [2],
Le violon tint lieu de chœur [3] et de musique.

Bientôt l'amour, fertile en tendres sentiments,
S'empara du théâtre ainsi que des romans.
De cette passion la sensible peinture
Est pour aller au cœur la route la plus sûre.
Peignez donc, j'y consens, les héros amoureux ;
Mais ne m'en formez pas des bergers doucereux :
Qu'Achille aime autrement que Tyrsis et Philène ;
N'allez pas d'un Cyrus nous faire un Artamène ;
Et que l'amour, souvent de remords combattu,
Paroisse une foiblesse et non une vertu.

---

[1] Ce ne fut que sous Louis XIII que la tragédie commença à prendre une bonne forme en France. (BOIL.)

[2] Ce masque antique s'appliquoit sur le visage de l'acteur, et représentoit le personnage que l'on introduisoit sur la scène. (BOIL.)

[3] ESTHER et ATHALIE ont montré combien on a perdu en supprimant les chœurs et la musique. (BOIL.)

Des héros de roman fuyez les petitesses :
Toutefois aux grands cœurs donnez quelques foiblesses.
Achille déplairoit, moins bouillant et moins prompt :
J'aime à lui voir verser des pleurs pour un affront.
A ces petits défauts marqués dans sa peinture,
L'esprit avec plaisir reconnoît la nature.
Qu'il soit sur ce modèle en vos écrits tracé :
Qu'Agamemnon soit fier, superbe, intéressé [1] ;
Que pour ses dieux Énée ait un respect austère.
Conservez à chacun son propre caractère.
Des siècles, des pays, étudiez les mœurs :
Les climats font souvent les diverses humeurs.

Gardez donc de donner, ainsi que dans Clélie,
L'air ni l'esprit françois à l'antique Italie ;
Et, sous des noms romains faisant notre portrait,
Peindre Caton galant, et Brutus dameret.
Dans un roman frivole aisément tout s'excuse ;
C'est assez qu'en courant la fiction amuse ;
Trop de rigueur alors seroit hors de saison :
Mais la scène demande une exacte raison ;
L'étroite bienséance y veut être gardée.

D'un nouveau personnage inventez-vous l'idée [2] ?
Qu'en tout avec soi-même il se montre d'accord,
Et qu'il soit jusqu'au bout tel qu'on l'a vu d'abord.

---

[1] *Imit.* Hor. de Arte poet., v. 123.
[2] *Imit.* Hor. de Arte poet., v. 125.

Souvent, sans y penser, un écrivain qui s'aime
Forme tous ses héros semblables à soi-même :
Tout a l'humeur gasconne en un auteur gascon ;
Calprenède et Juba [1] parlent du même ton.
 La nature est en nous plus diverse et plus sage ;
Chaque passion parle un différent langage :
La colère est superbe, et veut des mots altiers [2] ;
L'abattement s'explique en des termes moins fiers.
 Que devant Troie en flamme Hécube désolée
Ne vienne pas pousser une plainte ampoulée,
Ni sans raison décrire en quels affreux pays [3]
Par sept bouches l'Euxin reçoit le Tanaïs.
Tous ces pompeux amas d'expressions frivoles
Sont d'un déclamateur amoureux des paroles.
Il faut dans la douleur que vous vous abaissiez :
Pour me tirer des pleurs, il faut que vous pleuriez [4].
Ces grands mots dont alors l'acteur emplit sa bouche
Ne partent point d'un cœur que sa misère touche [5].
 Le théâtre, fertile en censeurs pointilleux,
Chez nous pour se produire est un champ périlleux.
Un auteur n'y fait pas de faciles conquêtes ;
Il trouve à le siffler des bouches toujours prêtes :

---

[1] Héros de la CLÉOPATRE. (BOIL.) — Roman de La Calprenède, qui vivoit au milieu du dix-septième siècle.
[2] *Imit.* HOR. de Arte poet., v. 105.
[3] Sénèque le Tragique. TROADE, sc. 1. (BOIL.)
[4] *Imit.* HOR. de Arte poet., v. 101. — [5] Ibid., v. 96.

Chacun le peut traiter de fat et d'ignorant;
C'est un droit qu'à la porte on achète en entrant.
Il faut qu'en cent façons, pour plaire, il se replie;
Que tantôt il s'élève et tantôt s'humilie;
Qu'en nobles sentiments il soit par-tout fécond;
Qu'il soit aisé, solide, agréable, profond;
Que de traits surprenants sans cesse il nous réveille;
Qu'il coure dans ses vers de merveille en merveille,
Et que tout ce qu'il dit, facile à retenir,
De son ouvrage en nous laisse un long souvenir.
Ainsi la tragédie agit, marche, et s'explique.

D'un air plus grand encor la poésie épique,
Dans le vaste récit d'une longue action,
Se soutient par la fable, et vit de fiction.
Là pour nous enchanter tout est mis en usage;
Tout prend un corps, une ame, un esprit, un visage.
Chaque vertu devient une divinité:
Minerve est la prudence, et Vénus la beauté;
Ce n'est plus la vapeur qui produit le tonnerre,
C'est Jupiter armé pour effrayer la terre;
Un orage terrible aux yeux des matelots,
C'est Neptune en courroux qui gourmande les flots.
Écho n'est plus un son qui dans l'air retentisse,
C'est une nymphe en pleurs qui se plaint de Narcisse.
Ainsi, dans cet amas de nobles fictions,
Le poëte s'égaie en mille inventions;
Orne, élève, embellit, agrandit toutes choses,

CHANT III.

Et trouve sous sa main des fleurs toujours écloses.
Qu'Énée et ses vaisseaux, par le vent écartés [1],
Soient aux bords africains d'un orage emportés ;
Ce n'est qu'une aventure ordinaire et commune,
Qu'un coup peu surprenant des traits de la fortune :
Mais que Junon, constante en son aversion,
Poursuive sur les flots les restes d'Ilion ;
Qu'Éole, en sa faveur, les chassant d'Italie,
Ouvre aux vents mutinés les prisons d'Éolie ;
Que Neptune en courroux, s'élevant sur la mer,
D'un mot calme les flots, mette la paix dans l'air,
Délivre les vaisseaux, des syrtes les arrache :
C'est là ce qui surprend, frappe, saisit, attache.
Sans tous ces ornements, le vers tombe en langueur
La poésie est morte [2], ou rampe sans vigueur ;
Le poëte n'est plus qu'un orateur timide,
Qu'un froid historien d'une fable insipide.

C'est donc bien vainement que nos auteurs déçus
Bannissant de leurs vers ces ornements reçus,
Pensent faire agir Dieu, ses saints, et ses prophètes
Comme ces dieux éclos du cerveau des poëtes ;
Mettent à chaque pas le lecteur en enfer ;
N'offrent rien qu'Astaroth, Belzébuth, Lucifer.

---

[1] Voyez L'ÉNÉIDE, liv. I, v. 56-151.
[2] L'auteur avoit en vue Saint-Sorlin-des-Marets, qui a écrit contre la fable. (BOIL.)

De la foi d'un chrétien les mystères terribles
D'ornements égayés ne sont point susceptibles [1] :
L'évangile à l'esprit n'offre de tous côtés
Que pénitence à faire et tourments mérités ;
Et de vos fictions le mélange coupable
Même à ses vérités donne l'air de la fable.
Et quel objet enfin à présenter aux yeux,
Que le diable [2] toujours hurlant contre les cieux ;
Qui de votre héros veut rabaisser la gloire,
Et souvent avec Dieu balance la victoire !

   Le Tasse, dira-t-on, l'a fait avec succès.
Je ne veux point ici lui faire son procès :
Mais, quoi que notre siècle à sa gloire publie,
Il n'eût point de son livre illustré l'Italie,
Si son sage héros, toujours en oraison,
N'eût fait que mettre enfin Satan à la raison ;
Et si Renaud, Argant, Tancrède et sa maîtresse,
N'eussent de son sujet égayé la tristesse.

   Ce n'est pas que j'approuve, en un sujet chrétien,
Un auteur follement idolâtre et païen :
Mais, dans une profane et riante peinture,
De n'oser de la fable employer la figure ;

---

[1] Ce précepte, l'un des plus importants que Boileau ait tracés, a trouvé, de notre temps, de nombreux contradicteurs ; mais tous leurs efforts n'ont fait que le confirmer.

[2] Voyez le Tasse. (BOIL.)

CHANT III.

De chasser les tritons de l'empire des eaux;
D'ôter à Pan sa flûte, aux Parques leurs ciseaux;
D'empêcher que Caron, dans la fatale barque,
Ainsi que le berger ne passe le monarque:
C'est d'un scrupule vain s'alarmer sottement,
Et vouloir aux lecteurs plaire sans agrément.
Bientôt ils défendront de peindre la Prudence,
De donner à Thémis ni bandeau ni balance:
De figurer aux yeux la Guerre au front d'airain,
Ou le Temps qui s'enfuit une horloge à la main;
Et par-tout des discours, comme une idolâtrie,
Dans leur faux zèle iront chasser l'allégorie.
Laissons-les s'applaudir de leur pieuse erreur:
Mais, pour nous, bannissons une vaine terreur;
Et, fabuleux chrétiens, n'allons point, dans nos songe
Du Dieu de vérité faire un dieu de mensonges.

 La fable offre à l'esprit mille agréments divers:
Là, tous les noms heureux semblent nés pour les ver
Ulysse, Agamemnon, Oreste, Idoménée,
Hélène, Ménélas, Pâris, Hector, Énée.
Oh! le plaisant projet d'un poëte ignorant,
Qui de tant de héros va choisir Childebrand[1]!
D'un seul nom quelquefois le son dur ou bizarre

---

[1] CHILDEBRAND OU LES SARRASINS CHASSÉS DE FRANCE, est un poëme héroïque de Jacques Carel, sieur de Sainte-Garde, qui n'en publia que les quatre premiers livres, en 1666 et 1670.

Rend un poëme entier ou burlesque ou barbare.

Voulez-vous long-temps plaire et jamais ne lasser ?
Faites choix d'un héros propre à m'intéresser,
En valeur éclatant, en vertus magnifique ;
Qu'en lui, jusqu'aux défauts, tout se montre héroïque ;
Que ses faits surprenants soient dignes d'être ouïs ;
Qu'il soit tel que César, Alexandre ou Louis ;
Non tel que Polynice[1] et son perfide frère.
On s'ennuie aux exploits d'un conquérant vulgaire.

N'offrez point un sujet d'incidents trop chargé.
Le seul courroux d'Achille, avec art ménagé,
Remplit abondamment une Iliade entière :
Souvent trop d'abondance appauvrit la matière.

Soyez vif et pressé dans vos narrations :
Soyez riche et pompeux dans vos descriptions.
C'est là qu'il faut des vers étaler l'élégance :
N'y présentez jamais de basse circonstance.
N'imitez pas ce fou[2], qui, décrivant les mers,
Et peignant, au milieu de leurs flots entr'ouverts,
L'Hébreu sauvé du joug de ses injustes maîtres,
Met, pour le voir passer, les poissons aux fenêtres[3] ;

---

[1] Polynice et Étéocle, frères ennemis, auteurs de la guerre de Thèbes. Voyez LA THÉBAÏDE de Stace. (BOIL.)

[2] Saint-Amand. (BOIL.)

[3] Les poissons ébahis les regardent passer.
MOÏSE SAUVÉ.
(BOIL.)

Peint le petit enfant qui va, saute, revient,
Et joyeux à sa mère offre un caillou qu'il tient.
Sur de trop vains objets c'est arrêter la vue.
Donnez à votre ouvrage une juste étendue.
Que le début soit simple et n'ait rien d'affecté.
N'allez pas dès l'abord, sur Pégase monté,
Crier à vos lecteurs d'une voix de tonnerre :
« Je chante le vainqueur des vainqueurs de la terre [1]. »
Que produira l'auteur après tous ces grands cris ?
La montagne en travail enfante une souris.
Oh ! que j'aime bien mieux cet auteur plein d'adresse,
Qui, sans faire d'abord de si haute promesse,
Me dit d'un ton aisé, doux, simple, harmonieux :
« Je chante les combats, et cet homme pieux [2],
« Qui, des bords phrygiens conduit dans l'Ausonie,
« Le premier aborda les champs de Lavinie. »
Sa muse en arrivant ne met pas tout en feu,
Et, pour donner beaucoup, ne nous promet que peu ;
Bientôt vous la verrez, prodiguant les miracles,
Du destin des Latins prononcer les oracles ;
De Styx et d'Achéron peindre les noirs torrents,
Et déja les Césars dans l'Élysée errants.
De figures sans nombre égayez votre ouvrage ;
Que tout y fasse aux yeux une riante image :

---

[1] ALARIC, poëme de Scudéry, liv. I. (BOIL.)
[2] ÆNEID. lib. I.

On peut être à-la-fois et pompeux et plaisant;
Et je hais un sublime ennuyeux et pesant.
J'aime mieux Arioste et ses fables comiques,
Que ces auteurs toujours froids et mélancoliques,
Qui dans leur sombre humeur se croiroient faire affront,
Si les Graces jamais leur déridoient le front.
  On diroit que pour plaire, instruit par la nature,
Homère ait à Vénus [1] dérobé sa ceinture.
Son livre est d'agréments un fertile trésor:
Tout ce qu'il a touché se convertit en or;
Tout reçoit dans ses mains une nouvelle grace;
Par-tout il divertit, et jamais il ne lasse.
Une heureuse chaleur anime ses discours:
Il ne s'égare point en de trop longs détours.
Sans garder dans ses vers un ordre méthodique,
Son sujet de soi-même et s'arrange et s'explique;
Tout, sans faire d'apprêts, s'y prépare aisément;
Chaque vers, chaque mot court à l'événement.
Aimez donc ses écrits, mais d'un amour sincère:
C'est avoir profité que de savoir s'y plaire [2].
  Un poëme excellent, où tout marche et se suit,
N'est pas de ces travaux qu'un caprice produit:
Il veut du temps, des soins; et ce pénible ouvrage
Jamais d'un écolier ne fut l'apprentissage.

---

[1] Iliad., liv. XIV.
[2] *Imit.* Quintil., lib. X, cap. i.

CHANT III.

Mais souvent parmi nous un poëte sans art,
Qu'un beau feu quelquefois échauffa par hasard,
Enflant d'un vain orgueil son esprit chimérique,
Fièrement prend en main la trompette héroïque :
Sa muse déréglée, en ses vers vagabonds,
Ne s'élève jamais que par sauts et par bonds :
Et son feu, dépourvu de sens et de lecture,
S'éteint à chaque pas, faute de nourriture.
Mais en vain le public, prompt à le mépriser,
De son mérite faux le veut désabuser ;
Lui-même, applaudissant à son maigre génie,
Se donne par ses mains l'encens qu'on lui dénie :
Virgile, au prix de lui, n'a point d'invention ;
Homère n'entend point la noble fiction.
Si contre cet arrêt le siècle se rebelle,
A la postérité d'abord il en appelle :
Mais attendant qu'ici le bon sens de retour
Ramène triomphants ses ouvrages au jour,
Leurs tas au magasin, cachés à la lumière,
Combattent tristement les vers et la poussière.
Laissons-les donc entre eux s'escrimer en repos ;
Et, sans nous égarer, suivons notre propos.

Des succès fortunés du spectacle tragique
Dans Athènes naquit la comédie antique.
Là le Grec, né moqueur, par mille jeux plaisants,
Distilla le venin de ses traits médisants.
Aux accès insolents d'une bouffonne joie

La sagesse, l'esprit, l'honneur, furent en proie.
On vit par le public un poëte avoué
S'enrichir aux dépens du mérite joué;
Et Socrate par lui dans un chœur de nuées [1],
D'un vil amas de peuple attirer les huées.
Enfin de la licence on arrêta le cours :
Le magistrat des lois emprunta le secours;
Et, rendant par édit les poëtes plus sages,
Défendit de marquer les noms et les visages.
Le théâtre perdit son antique fureur;
La comédie apprit à rire sans aigreur,
Sans fiel et sans venin sut instruire et reprendre,
Et plut innocemment dans les vers de Ménandre [2].
Chacun, peint avec art dans ce nouveau miroir,
S'y vit avec plaisir, ou crut ne s'y point voir :
L'avare, des premiers, rit du tableau fidéle
D'un avare souvent tracé sur son modéle;
Et mille fois un fat finement exprimé,
Méconnut le portrait sur lui-même formé.

Que la nature donc soit votre étude unique,
Auteurs qui prétendez aux honneurs du comique.
Quiconque voit bien l'homme, et, d'un esprit profond,
De tant de cœurs cachés a pénétré le fond;
Qui sait bien ce que c'est qu'un prodigue, un avare,

---

[1] Les Nuées, comédie d'Aristophane. (Boil.)
[2] Ménandre étoit contemporain d'Alexandre-le-Grand.

CHANT III.

Un honnête homme, un fat, un jaloux, un bizarre,
Sur une scène heureuse il peut les étaler,
Et les faire à nos yeux vivre, agir, et parler.
Présentez-en par-tout les images naïves;
Que chacun y soit peint des couleurs les plus vives.
La nature, féconde en bizarres portraits,
Dans chaque ame est marquée à de différents traits;
Un geste la découvre, un rien la fait paroître:
Mais tout esprit n'a pas des yeux pour la connoître.

Le temps, qui change tout, change aussi nos humeurs:
Chaque âge a ses plaisirs, son esprit, et ses mœurs.
Un jeune homme, toujours bouillant dans ses caprices [1],
Est prompt à recevoir l'impression des vices;
Est vain dans ses discours, volage en ses desirs,
Rétif à la censure, et fou dans les plaisirs.
L'âge viril, plus mûr, inspire un air plus sage;
Se pousse auprès des grands, s'intrigue, se ménage,
Contre les coups du sort songe à se maintenir,
Et loin dans le présent regarde l'avenir.
La vieillesse chagrine incessamment amasse;
Garde, non pas pour soi, les trésors qu'elle entasse;
Marche en tous ses desseins d'un pas lent et glacé,
Toujours plaint le présent et vante le passé;
Inhabile aux plaisirs dont la jeunesse abuse,
Blâme en eux les douceurs que l'âge lui refuse.

---

[1] *Imit.* Hor. de Arte poet., v. 161 et seq.

Ne faites point parler vos acteurs au hasard,
Un vieillard en jeune homme, un jeune homme en vieillard.
 Étudiez la cour et connoissez la ville;
L'une et l'autre est toujours en modèles fertile.
C'est par-là que Molière illustrant ses écrits,
Peut-être de son art eût remporté le prix,
Si, moins ami du peuple, en ses doctes peintures
Il n'eût point fait souvent grimacer ses figures,
Quitté, pour le bouffon, l'agréable et le fin,
Et sans honte à Térence allié Tabarin;
Dans ce sac ridicule où Scapin [1] s'enveloppe
Je ne reconnois plus l'auteur du Misanthrope.
 Le comique, ennemi des soupirs et des pleurs,
N'admet point en ses vers de tragiques douleurs;
Mais son emploi n'est pas d'aller dans une place,
De mots sales et bas charmer la populace:
Il faut que ses acteurs badinent noblement;
Que son nœud bien formé se dénoue aisément;
Que l'action, marchant où la raison la guide,
Ne se perde jamais dans une scène vide;
Que son style humble et doux se relève à propos;
Que ses discours, par-tout fertiles en bons mots,
Soient pleins de passions finement maniées,
Et les scènes toujours l'une à l'autre liées.
Aux dépens du bon sens gardez de plaisanter:

---

[1] Comédie de Molière. (BOIL.)

CHANT III.

Jamais de la nature il ne faut s'écarter.
Contemplez de quel air un père dans Térence [1]
Vient d'un fils amoureux gourmander l'imprudence;
De quel air cet amant écoute ses leçons,
Et court chez sa maîtresse oublier ces chansons.
Ce n'est pas un portrait, une image semblable;
C'est un amant, un fils, un père véritable.
 J'aime sur le théâtre un agréable auteur
Qui, sans se diffamer aux yeux du spectateur,
Plaît par la raison seule, et jamais ne la choque;
Mais pour un faux plaisant, à grossière équivoque,
Qui, pour me divertir, n'a que la saleté,
Qu'il s'en aille, s'il veut, sur deux tréteaux monté,
Amusant le Pont-Neuf de ses sornettes fades,
Aux laquais assemblés jouer ses mascarades.

[1] Voyez Simon, dans L'ANDRIENNE, et Démée, dans LES ADELPHES. (BOIL.)

CHANT IV.

Dans Florence jadis vivoit un médecin [1],
Savant hâbleur, dit-on, et célèbre assassin.
Lui seul y fit long-temps la publique misère :
Là le fils orphelin lui redemande un père ;
Ici le frère pleure un frère empoisonné :

[1] ...... Il y a un médecin à Paris, nommé M. Perrault, très grand ennemi de la santé et du bon sens, mais en récompense fort grand ami de M. Quinault. Un mouvement de pitié pour son pays, ou plutôt le peu de gain qu'il faisoit dans son métier, lui en a fait à la fin embrasser un autre. Il a lu Vitruve, il a fréquenté M. Le Vau et M. Ratabon, et s'est enfin jeté dans l'architecture, où l'on prétend qu'en peu d'années il a autant élevé de mauvais bâtiments, qu'étant médecin il avoit ruiné de bonnes santés. Ce nouvel architecte m'a pris en haine sur le peu d'estime que je faisois des ouvrages de son cher Quinault. Sur cela il s'est déchaîné contre moi dans le monde : je l'ai souffert quelque temps avec assez de modération ; mais enfin la bile satirique n'a pu se contenir, si bien que, dans le quatrième chant de ma poétique, à quelque temps de là, j'ai inséré la métamorphose d'un médecin en architecte. (BOIL. Lettre au maréchal de Vivonne....... 1676.)

L'un meurt vide de sang, l'autre plein de séné :
Le rhume à son aspect se change en pleurésie,
Et par lui la migraine est bientôt frénésie.
Il quitte enfin la ville, en tous lieux détesté.
De tous ses amis morts un seul ami resté
Le mène en sa maison de superbe structure.
C'étoit un riche abbé, fou de l'architecture.
Le médecin d'abord semble né dans cet art,
Déja de bâtiments parle comme Mansard[1] :
D'un salon qu'on élève il condamne la face ;
Au vestibule obscur il marque une autre place ;
Approuve l'escalier tourné d'autre façon.
Son ami le conçoit, et mande son maçon :
Le maçon vient, écoute, approuve, et se corrige.
Enfin, pour abréger un si plaisant prodige,
Notre assassin renonce à son art inhumain ;
Et désormais, la règle et l'équerre à la main,
Laissant de Galien la science suspecte,
De méchant médecin devient bon architecte.

Son exemple est pour nous un précepte excellent.
Soyez plutôt maçon, si c'est votre talent,
Ouvrier estimé dans un art nécessaire,
Qu'écrivain du commun, et poëte vulgaire.
Il est dans tout autre art des degrés différents :

---

[1] Célèbre architecte. Il mourut en 1666, âgé de soixante-neuf ans.

On peut avec honneur remplir les seconds rangs ;
Mais dans l'art dangereux de rimer et d'écrire,
Il n'est point de degrés du médiocre au pire [1] ;
Qui dit froid écrivain, dit détestable auteur.
Boyer [2] est à Pinchêne [3] égal pour le lecteur ;
On ne lit guère plus Rampale et Ménardière [4],
Que Maignon [5], du Souhait [6], Corbin [7], et la Morlière [8].
Un fou du moins fait rire, et peut nous égayer :
Mais un froid écrivain ne sait rien qu'ennuyer.
J'aime mieux Bergerac [9] et sa burlesque audace,
Que ces vers où Motin [10] se morfond et nous glace.

 Ne vous enivrez point des éloges flatteurs
Qu'un amas quelquefois de vains admirateurs
Vous donne en ces réduits, prompts à crier : Merveille !

[1] *Imit.* Hor. de Arte poet., v. 372.
[2] Auteur médiocre. (Boil.)
[3] Pinchêne a déja été nommé dans l'épitre VIII.
[4] Rampale et La Ménardière vivoient au milieu du dix-septième siècle.
[5] Maignon a composé un poëme fort long, intitulé L'Encyclopédie. — [6] Du Souhait avoit traduit l'Iliade en prose. — [7] Corbin avoit traduit la Bible mot à mot. — [8] La Morlière, méchant poëte. (Boil.)
[9] Cyrano de Bergerac, auteur du Voyage dans la lune. (Boil.)
[10] Pierre Motin, contemporain et ami de Regnier, a laissé quelques poésies, imprimées dans les recueils du temps.

Tel écrit¹ récité se soutint à l'oreille,
Qui, dans l'impression au grand jour se montrant,
Ne soutient pas des yeux le regard pénétrant.
On sait de cent auteurs l'aventure tragique;
Et Gombauld tant loué garde encor la boutique.
    Écoutez tout le monde, assidu consultant :
Un fat quelquefois ouvre un avis important ².
Quelques vers toutefois qu'Apollon vous inspire,
En tous lieux aussitôt ne courez pas les lire.
Gardez-vous d'imiter ce rimeur furieux³,
Qui, de ses vains écrits lecteur harmonieux,
Aborde en récitant quiconque le salue,
Et poursuit de ses vers les passants dans la rue.
Il n'est temple si saint des anges respecté⁴,
Qui soit contre sa muse un lieu de sûreté.
Je vous l'ai déja dit : aimez qu'on vous censure,
Et, souple à la raison, corrigez sans murmure.
Mais ne vous rendez pas dès qu'un sot vous reprend.
    Souvent dans son orgueil un subtil ignorant

---

¹ Chapelain. (BOIL.)

² *Imit.* PERS., sat. III, v. 46.

³ Du Perrier. (BOIL.) — Il étoit né en Provence, et neveu de François Du Perrier que Malherbe a immortalisé dans les stances qu'il lui adressa pour le consoler de la mort de sa fille.

⁴ Il récita de ses vers à l'auteur malgré lui, dans une église. (BOIL.)

Par d'injustes dégoûts combat toute une pièce,
Blâme des plus beaux vers la noble hardiesse.
On a beau réfuter ses vains raisonnements;
Son esprit se complaît dans ses faux jugements;
Et sa foible raison, de clarté dépourvue,
Pense que rien n'échappe à sa débile vue.
Ses conseils sont à craindre; et si vous les croyez,
Pensant fuir un écueil, souvent vous vous noyez.
 Faites choix d'un censeur solide et salutaire,
Que la raison conduise et le savoir éclaire,
Et dont le crayon sûr d'abord aille chercher
L'endroit que l'on sent foible, et qu'on se veut cacher.
Lui seul éclaircira vos doutes ridicules,
De votre esprit tremblant lèvera les scrupules.
C'est lui qui vous dira par quel transport heureux
Quelquefois dans sa course un esprit vigoureux,
Trop resserré par l'art, sort des règles prescrites,
Et de l'art même apprend à franchir leurs limites.
Mais ce parfait censeur se trouve rarement.
Tel excelle à rimer qui juge sottement:
Tel s'est fait par ses vers distinguer dans la ville,
Qui jamais de Lucain n'a distingué Virgile[1].
 Auteurs, prêtez l'oreille à mes instructions.
Voulez-vous faire aimer vos riches fictions?

---

[1] On croit que Boileau a voulu désigner ici le grand Corneille.

CHANT IV.

Qu'en savantes leçons votre muse fertile
Par-tout joigne au plaisant le solide et l'utile [1].
Un lecteur sage fuit un vain amusement,
Et veut mettre à profit son divertissement.
  Que votre ame et vos mœurs, peintes dans vos ouvrages,
N'offrent jamais de vous que de nobles images.
Je ne puis estimer ces dangereux auteurs
Qui de l'honneur, en vers, infames déserteurs,
Trahissant la vertu sur un papier coupable,
Aux yeux de leurs lecteurs rendent le vice aimable.
  Je ne suis pas pourtant de ces tristes esprits
Qui, bannissant l'amour de tous chastes écrits,
D'un si riche ornement veulent priver la scène,
Traitent d'empoisonneurs et Rodrigue et Chimène [2].
L'amour le moins honnête exprimé chastement
N'excite point en nous de honteux mouvement.
Didon a beau gémir et m'étaler ses charmes ;
Je condamne sa faute en partageant ses larmes.
Un auteur vertueux, dans ses vers innocents,
Ne corrompt point le cœur en chatouillant les sens :
Son feu n'allume point de criminelle flamme.
Aimez donc la vertu, nourrissez-en votre ame :
En vain l'esprit est plein d'une noble vigueur ;
Le vers se sent toujours des bassesses du cœur.

---

[1] *Imit.* HORAT. de Arte poet., v. 343.
[2] V. Le TRAITÉ DE LA COMÉDIE par Nicole.

Fuyez sur-tout, fuyez ces basses jalousies,
Des vulgaires esprits malignes frénésies.
Un sublime écrivain n'en peut être infecté;
C'est un vice qui suit la médiocrité.
Du mérite éclatant cette sombre rivale
Contre lui chez les grands incessamment cabale;
Et, sur les pieds en vain tâchant de se hausser,
Pour s'égaler à lui cherche à le rabaisser.
Ne descendons jamais dans ces lâches intrigues :
N'allons point à l'honneur par de honteuses brigues.

Que les vers ne soient pas votre éternel emploi.
Cultivez vos amis, soyez homme de foi :
C'est peu d'être agréable et charmant dans un livre;
Il faut savoir encore et converser et vivre.

Travaillez pour la gloire, et qu'un sordide gain
Ne soit jamais l'objet d'un illustre écrivain.
Je sais qu'un noble esprit peut, sans honte et sans crime,
Tirer de son travail un tribut légitime :
Mais je ne puis souffrir ces auteurs renommés,
Qui, dégoûtés de gloire, et d'argent affamés,
Mettent leur Apollon aux gages d'un libraire,
Et font d'un art divin un métier mercenaire.

Avant que la raison, s'expliquant par la voix [1],
Eût instruit les humains, eût enseigné des lois,
Tous les hommes suivoient la grossière nature,

---

[1] *Imit.* HORAT. de Arte poet., v. 391 et seq.

Dispersés dans les bois couroient à la pâture ;
La force tenoit lieu de droit et d'équité ;
Le meurtre s'exerçoit avec impunité.
Mais du discours enfin l'harmonieuse adresse
De ces sauvages mœurs adoucit la rudesse,
Rassembla les humains dans les forêts épars,
Enferma les cités de murs et de remparts,
De l'aspect du supplice effraya l'insolence,
Et sous l'appui des lois mit la foible innocence.
Cet ordre fut, dit-on, le fruit des premiers vers.
De là sont nés ces bruits reçus dans l'univers,
Qu'aux accents dont Orphée emplit les monts de Thrace,
Les tigres amollis dépouilloient leur audace ;
Qu'aux accords d'Amphion les pierres se mouvoient,
Et sur les murs thébains en ordre s'élevoient.
L'harmonie en naissant produisit ces miracles.
Depuis, le ciel en vers fit parler les oracles ;
Du sein d'un prêtre ému d'une divine horreur,
Apollon par des vers exhala sa fureur.
Bientôt, ressuscitant les héros des vieux âges,
Homère aux grands exploits anima les courages.
Hésiode [1] à son tour, par d'utiles leçons,

---

[1] Poëte grec, né à Cumes en Éolide, et contemporain d'Homère. Il est l'auteur d'un poëme sur l'agriculture, que Virgile a imité et surpassé dans ses GÉORGIQUES.

Des champs trop paresseux vint hâter les moissons.
En mille écrits fameux la sagesse tracée
Fut, à l'aide des vers, aux mortels annoncée;
Et par-tout des esprits ses préceptes vainqueurs,
Introduits par l'oreille, entrèrent dans les cœurs.
Pour tant d'heureux bienfaits les muses révérées
Furent d'un juste encens dans la Grèce honorées;
Et leur art, attirant le culte des mortels,
A sa gloire en cent lieux vit dresser des autels.
Mais enfin, l'indigence amenant la bassesse,
Le Parnasse oublia sa première noblesse.
Un vil amour du gain, infectant les esprits,
De mensonges grossiers souilla tous les écrits;
Et par-tout, enfantant mille ouvrages frivoles,
Trafiqua du discours et vendit les paroles.

 Ne vous flétrissez point par un vice si bas.
Si l'or seul a pour vous d'invincibles appas,
Fuyez ces lieux charmants qu'arrose le Permesse :
Ce n'est point sur ses bords qu'habite la richesse.
Aux plus savants auteurs, comme aux plus grands guerriers,
Apollon ne promet qu'un nom et des lauriers.

 Mais quoi ! dans la disette une muse affamée
Ne peut pas, dira-t-on, subsister de fumée;
Un auteur qui, pressé d'un besoin importun,
Le soir entend crier ses entrailles à jeun,
Goûte peu d'Hélicon les douces promenades :

Horace a bu son saoûl[1] quand il voit les Ménades ;
Et, libre du souci qui trouble Colletet,
N'attend pas pour dîner le succès d'un sonnet.
  Il est vrai : mais enfin cette affreuse disgrace
Rarement parmi nous afflige le Parnasse.
Et que craindre en ce siécle, où toujours les beaux arts
D'un astre favorable éprouvent les regards,
Où d'un prince éclairé la sage prévoyance
Fait par-tout au mérite ignorer l'indigence ?
  Muses, dictez sa gloire à tous vos nourrissons :
Son nom vaut mieux pour eux que toutes vos leçons.
Que Corneille, pour lui, rallumant son audace,
Soit encor le Corneille et du Cid et d'Horace :
Que Racine, enfantant des miracles nouveaux,
De ses héros sur lui forme tous les tableaux :
Que de son nom, chanté par la bouche des belles,
Benserade en tous lieux amuse les ruelles :
Que Segrais dans l'églogue en charme les forêts ;
Que pour lui l'épigramme aiguise tous ses traits.
Mais quel heureux auteur, dans une autre Énéide,
Aux bords du Rhin tremblant conduira cet Alcide ?
Quelle savante lyre au bruit de ses exploits
Fera marcher encor les rochers et les bois ;
Chantera le Batave, éperdu dans l'orage,

---

[1] *Imit.* JUVEN., sat. VII, v. 59.

Soi-même se noyant pour sortir du naufrage,
Dira les bataillons sous Mastricht enterrés,
Dans ces affreux assauts du soleil éclairés?
  Mais tandis que je parle, une gloire nouvelle
Vers ce vainqueur rapide aux Alpes vous appelle.
Déja Dôle et Salins[1] sous le joug ont ployé;
Besançon fume encor sous son roc foudroyé.
Où sont ces grands guerriers dont les fatales ligues
Devoient à ce torrent opposer tant de digues?
Est-ce encore en fuyant qu'ils pensent l'arrêter,
Fiers du honteux honneur d'avoir su l'éviter[2]?
Que de remparts détruits! que de villes forcées!
Que de moissons de gloire en courant amassées!
  Auteurs, pour les chanter redoublez vos transports:
Le sujet ne veut pas de vulgaires efforts.
  Pour moi, qui, jusqu'ici nourri dans la satire,
N'ose encor manier la trompette et la lyre,
Vous me verrez pourtant, dans ce champ glorieux,
Vous animer du moins de la voix et des yeux;
Vous offrir ces leçons que ma muse au Parnasse
Rapporta, jeune encor, du commerce d'Horace;
Seconder votre ardeur, échauffer vos esprits,

---

[1] Places de la Franche-Comté prises en plein hiver.
                                          (Boil.)
[2] *Imit.* Horat. lib. IV, od. IV.

Et vous montrer de loin la couronne et le prix.
Mais aussi pardonnez, si, plein de ce beau zéle,
De tous vos pas fameux observateur fidéle,
Quelquefois du bon or je sépare le faux,
Et des auteurs grossiers j'attaque les défauts :
Censeur un peu fâcheux, mais souvent nécessaire,
Plus enclin à blâmer, que savant à bien faire.

LE LUTRIN,
POËME HÉROÏ-COMIQUE.

AU LECTEUR [1].

Je ne ferai point ici comme Arioste [2], qui, quelquefois sur le point de débiter la fable du monde la plus absurde, la garantit vraie d'une vérité reconnue, et l'appuie même de l'autorité de l'archevêque Turpin [3]. Pour moi, je déclare franchement que tout le poëme du Lutrin n'est qu'une pure fiction, et que tout y est inventé jusqu'au nom même du lieu où l'action se passe. Je l'ai appelé Pourges [4], du nom d'une petite chapelle qui étoit autrefois proche Montlhéry. C'est pourquoi le lecteur ne doit pas s'étonner que, pour

[1] Ire édition, 1674.
[2] On diroit aujourd'hui *l'Arioste*.
[3] Turpin, Tulpin, ou Tilpin, moine de Saint-Denis, puis archevêque de Reims, mourut sur la fin du huitième siècle. Le roman qui porte son nom paroît n'avoir été composé que sur la fin du onzième.
[4] Bourges.

y arriver de Bourgogne, la Nuit prenne le chemin de Paris et de Montlhéry.

C'est une assez bizarre occasion qui a donné lieu à ce poëme. Il n'y a pas long-temps que dans une assemblée où j'étois, la conversation tomba sur le poëme héroïque. Chacun en parla suivant ses lumières. A l'égard de moi, comme on m'en eut demandé mon avis, je soutins ce que j'ai avancé dans ma poétique, qu'un poëme héroïque, pour être excellent, devoit être chargé de peu de matière, et que c'étoit à l'invention à la soutenir et à l'étendre. La chose fut fort contestée. On s'échauffa beaucoup ; mais, après bien des raisons alléguées pour et contre, il arriva ce qui arrive ordinairement en toutes ces sortes de disputes ; je veux dire qu'on ne se persuada point l'un l'autre, et que chacun demeura ferme dans son opinion. La chaleur de la dispute étant passée, on parla d'autre chose, et on se mit à rire de la manière dont on s'étoit échauffé sur une question aussi peu importante que celle-là. On moralisa fort sur la folie des hommes qui passent presque toute leur vie à faire sérieusement de très grandes bagatelles, et qui se font souvent une affaire considérable d'une chose indifférente. A propos de cela, un provincial raconta un démêlé fameux, qui étoit arrivé autrefois dans une petite église de sa province, entre le trésorier et le chantre, qui sont les deux premières dignités de cette église, pour savoir si un lutrin seroit placé à un endroit ou à un autre. La chose fut trouvée plaisante. Sur cela un des savants de l'assemblée, qui ne pouvoit pas oublier sitôt la dispute, me demanda si moi, qui voulois si peu de matière pour un poëme héroïque, j'entreprendrois d'en faire un sur un démêlé aussi peu chargé d'incidents que celui de cette église. J'eus plus tôt dit, pourquoi non? que je n'eus fait réflexion sur ce qu'il me demandoit. Cela fit faire un éclat de rire à la compagnie, et je ne pus m'empêcher de rire comme les autres, ne pensant pas en effet moi-même que je dusse jamais me mettre en état de tenir parole. Néanmoins, le soir me trouvant de loisir, je rêvai à la chose, et ayant imaginé en général la plaisanterie que le lecteur va voir, j'en fis vingt vers que je montrai à mes amis. Ce commencement les réjouit assez. Le plaisir que je vis qu'ils y prenoient m'en fit faire encore vingt autres : ainsi de vingt vers en vingt vers, j'ai poussé enfin l'ouvrage à près de neuf cents[1]. Voilà toute l'histoire de la bagatelle que je donne au public. J'aurois bien voulu la lui donner achevée ; mais des raisons très secrètes, dont le lecteur trouvera bon que je ne l'instruise pas, m'en ont empêché. Je ne me serois pourtant pas pressé de le donner imparfait, comme il est, n'eût été les misérables fragments qui en ont couru[2]. C'est un burlesque nouveau, dont je me suis avisé en notre langue : car, au lieu que dans l'autre burlesque, Didon et Énée parloient comme des harengères et des crocheteurs ; dans celui-ci, une horlogère et un horloger[3] parlent comme Didon et Énée. Je ne sais donc si mon poëme aura les

---

[1] Boileau n'avoit encore fait que les quatre premiers chants. Aujourd'hui son poëme a plus de douze cents vers.

[2] Ces fragments avoient été imprimés en 1673, à la suite de la RÉPONSE AU PAIN BÉNIT du sieur de Marigny.

[3] L'auteur leur substitua dans la suite un perruquier et une perruquière.

qualités propres à satisfaire un lecteur : mais j'ose me flatter qu'il aura au moins l'agrément de la nouveauté, puisque je ne pense pas qu'il y ait d'ouvrage de cette nature en notre langue ; LA DÉFAITE DES BOUTS-RIMÉS de Sarasin étant plutôt une pure allégorie qu'un poëme comme celui-ci.

AU LECTEUR.

(1701.)

Il seroit inutile maintenant de nier que le poëme suivant a été composé à l'occasion d'un différent assez léger, qui s'émut, dans une des plus célèbres églises de Paris, entre le trésorier et le chantre. Mais c'est tout ce qu'il y a de vrai. Le reste, depuis le commencement jusqu'à la fin, est une pure fiction : et tous les personnages y sont non seulement inventés, mais j'ai eu soin même de les faire d'un caractère directement opposé au caractère de ceux qui desservent cette église, dont la plupart, et principalement les chanoines, sont tous gens, non seulement d'une fort grande probité, mais de beaucoup d'esprit, et entre lesquels il y en a tel à qui je demanderois aussi volontiers son sentiment sur mes ouvrages, qu'à beaucoup de messieurs de l'académie. Il ne faut donc pas s'étonner si personne n'a été offensé de l'impression de ce poëme, puisqu'il n'y a en effet personne qui y soit véritablement attaqué. Un prodigue ne s'avise guère de s'offenser de voir rire d'un avare, ni un dévot de voir tourner en ridicule un libertin. Je ne dirai point comment je fus engagé à travailler à cette bagatelle sur une espèce de défi qui me fut fait en riant par feu M. le premier président de Lamoignon, qui est celui que j'y peins sous le nom d'Ariste. Ce détail, à mon avis, n'est pas fort nécessaire. Mais je croirois me faire un trop grand tort, si je laissois échapper cette occasion d'apprendre à ceux qui l'ignorent, que ce grand personnage, durant sa vie, m'a honoré de son amitié. Je commençai à le connoître dans le temps que mes satires faisoient le plus de bruit ; et l'accès obligeant qu'il me donna dans son illustre maison fit avantageusement mon apologie contre ceux qui vouloient m'accuser alors de libertinage et de mauvaises mœurs. C'étoit un homme d'un savoir étonnant et passionné admirateur de tous les bons livres de l'antiquité, et c'est ce qui lui fit plus aisément souffrir mes ouvrages, où il crut entrevoir quelque goût des anciens. Comme sa piété étoit sincère, elle étoit aussi fort gaie, et n'avoit rien d'embarrassant. Il ne s'effraya point du nom de satire que portoient ces ouvrages, où il ne vit en effet que des vers et des auteurs attaqués. Il me loua même plusieurs fois d'avoir purgé, pour ainsi dire, ce genre de poésie de la saleté qui lui avoit été jusqu'alors comme affectée. J'eus donc le bonheur de ne lui être pas désagréable. Il m'appela à tous ses plaisirs et à tous ses divertissements, c'est-à-dire à ses lectures et à ses promenades. Il me favorisa même quelquefois de sa plus étroite confidence, et me fit voir à fond son ame entière. Et que n'y vis-je point! Quel trésor surprenant de probité et de justice! Quel fonds inépuisable de piété et de zèle! Bien que sa vertu jetât un fort grand éclat au-dehors, c'étoit tout autre chose au-dedans; et on voyoit bien qu'il avoit soin d'en tempérer les rayons, pour ne pas blesser les yeux d'un siècle aussi corrompu que le nôtre. Je fus sincèrement épris de tant de qualités admirables; et s'il eut beaucoup de bonne volonté pour moi, j'eus aussi pour lui une très forte attache. Les soins que je lui rendis ne furent mêlés d'aucune raison d'intérêt mercenaire; et je songeai bien plus à profiter de sa conversation que de son crédit. Il mourut dans le temps que cette amitié étoit en son plus haut point; et le souvenir de sa perte m'afflige encore tous les jours. Pourquoi faut-il que des hommes si dignes de vivre soient sitôt enlevés du monde, tandis que des misérables et des gens de rien arrivent à une extrême vieillesse ! Je ne m'étendrai pas davantage sur un sujet si triste : car je sens bien que si je continuois à en parler, je ne pourrois m'empêcher de mouiller peut-être de larmes la préface d'un ouvrage de pure plaisanterie.

ARGUMENT.

Le trésorier remplit la première dignité du chapitre dont il est ici parlé, et il officie avec toutes les marques de l'épiscopat. Le chantre remplit la seconde dignité. Il y avoit autrefois dans le chœur, à la place de celui-ci, un énorme pupitre ou lutrin, qui le couvroit presque tout entier. Il le fit ôter. Le trésorier voulut le faire remettre. De là arriva une dispute, qui fait le sujet de ce poëme.

LE LUTRIN.

CHANT PREMIER.

Je chante les combats, et ce prélat terrible [1]
Qui, par ses longs travaux et sa force invincible,
Dans une illustre église exerçant son grand cœur,
Fit placer à la fin un lutrin dans le chœur.
C'est en vain que le chantre [2], abusant d'un faux titre,
Deux fois l'en fit ôter par les mains du chapitre :
Ce prélat, sur le banc de son rival altier
Deux fois le reportant, l'en couvrit tout entier.
 Muse, redis-moi donc quelle ardeur de vengeance [3]
De ces hommes sacrés rompit l'intelligence,
Et troubla si long-temps deux célèbres rivaux :
Tant de fiel entre-t-il dans l'ame des dévots [4] ?

---

[1] Claude Auvry, ancien évêque de Coutances, étoit alors trésorier de la Sainte-Chapelle. Il avoit été camérier (officier de chambre) du cardinal Mazarin.

[2] Jacques Barrin, fils de M. de La Galissonnière, maître des requêtes.

[3] *Imit.* VIRG., Æneid., lib. I, v. 12. — [4] Ibid. v. 15.

Et toi, fameux héros [1], dont la sage entremise
De ce schisme naissant débarrassa l'Église,
Viens d'un regard heureux animer mon projet,
Et garde-toi de rire en ce grave sujet.
  Parmi les doux plaisirs d'une paix fraternelle
Paris voyoit fleurir son antique chapelle :
Ses chanoines vermeils et brillants de santé
S'engraissoient d'une longue et sainte oisiveté :
Sans sortir de leurs lits, plus doux que leurs hermines,
Ces pieux fainéants faisoient chanter matines,
Veilloient à bien dîner, et laissoient en leur lieu
A des chantres gagés le soin de louer Dieu;
Quand la Discorde, encor toute noire de crimes,
Sortant des Cordeliers pour aller aux Minimes [2],
Avec cet air hideux qui fait frémir la Paix,
S'arrêta près d'un arbre au pied de son palais.
Là, d'un œil attentif contemplant son empire,
A l'aspect du tumulte elle-même s'admire.
Elle y voit par le coche et d'Évreux et du Mans
Accourir à grands flots ses fidèles Normands :
Elle y voit aborder le marquis, la comtesse,
Le bourgeois, le manant, le clergé, la noblesse;

---

[1] M. le premier Président de Lamoignon. (BOIL.)

[2] Il y eut de grandes brouilleries dans ces deux couvents à l'occasion de quelques supérieurs qu'on y vouloit élire. (BOIL.)

Et par-tout des plaideurs les escadrons épars
Faire autour de Thémis flotter ses étendards.
Mais une église seule à ses yeux immobile,
Garde au sein du tumulte une assiette tranquille :
Elle seule la brave ; elle seule aux procès
De ses paisibles murs veut defendre l'accès.
La Discorde, à l'aspect d'un calme qui l'offense,
Fait siffler ses serpents, s'excite à la vengeance :
Sa bouche se remplit d'un poison odieux,
Et de longs traits de feu lui sortent par les yeux.

« Quoi ! dit-elle d'un ton qui fit trembler les vitres,
J'aurai pu jusqu'ici brouiller tous les chapitres,
Diviser Cordeliers, Carmes et Célestins ;
J'aurai fait soutenir un siège aux Augustins ;
Et cette église seule, à mes ordres rebelle,
Nourrira dans son sein une paix éternelle !
Suis-je donc la Discorde ? et parmi les mortels,
Qui voudra désormais encenser mes autels [1] ? »

A ces mots, d'un bonnet couvrant sa tête énorme,
Elle prend d'un vieux chantre et la taille et la forme :
Elle peint de bourgeons son visage guerrier,
Et s'en va de ce pas trouver le trésorier.

Dans le réduit obscur d'une alcôve enfoncée
S'élève un lit de plume à grands frais amassée :
Quatre rideaux pompeux, par un double contour,

---

[1] Virg. Lib. 1, v. 52. (Boil.)

En défendent l'entrée à la clarté du jour.
Là, parmi les douceurs d'un tranquille silence,
Règne sur le duvet une heureuse indolence :
C'est là que le prélat, muni d'un déjeuner,
Dormant d'un léger somme, attendoit le dîner.
La jeunesse en sa fleur brille sur son visage :
Son menton sur son sein descend à double étage ;
Et son corps, ramassé dans sa courte grosseur,
Fait gémir les coussins sous sa molle épaisseur.

La déesse en entrant qui voit la nappe mise,
Admire un si bel ordre, et reconnoît l'Église ;
Et, marchant à grands pas vers le lieu du repos,
Au prélat sommeillant elle adresse ces mots :

« Tu dors, prélat, tu dors, et là-haut à ta place
Le chantre aux yeux du chœur étale son audace,
Chante les oremus, fait des processions,
Et répand à grands flots les bénédictions !
Tu dors ! Attends-tu donc que, sans bulle et sans titre,
Il te ravisse encor le rochet et la mitre ?
Sors de ce lit oiseux qui te tient attaché,
Et renonce au repos, ou bien à l'évêché [1]. »

Elle dit ; et, du vent de sa bouche profane,
Lui souffle avec ces mots l'ardeur de la chicane.

---

[1] C'est-à-dire au droit d'officier pontificalement aux grandes fêtes de l'année, droit qui avoit été accordé par l'antipape Benoît XIII, au trésorier, dans la personne de

Le prélat se réveille, et plein d'émotion,
Lui donne toutefois la bénédiction.
 Tel qu'on voit un taureau qu'une guêpe en furie
A piqué dans les flancs aux dépens de sa vie;
Le superbe animal, agité de tourments,
Exhale sa douleur en longs mugissements :
Tel le fougueux prélat, que ce songe épouvante,
Querelle, en se levant, et laquais et servante;
Et, d'un juste courroux rallumant sa vigueur,
Même avant le dîner parle d'aller au chœur.
Le prudent Gilotin¹, son aumônier fidèle,
En vain par ses conseils sagement le rappelle;
Lui montre le péril; que midi va sonner;
Qu'il va faire, s'il sort, refroidir le dîner.
 « Quelle fureur, dit-il, quel aveugle caprice,
Quand le dîner est prêt, vous appelle à l'office?
De votre dignité soutenez mieux l'éclat :
Est-ce pour travailler que vous êtes prélat?
A quoi bon ce dégoût et ce zèle inutile?
Est-il donc pour jeûner quatre-temps ou vigile?
Reprenez vos esprits; et souvenez-vous bien

Hugues Boileau, confesseur du roi Charles V; et l'un des ancêtres de notre poëte.

¹ Son véritable nom étoit Guéronet. Le trésorier lui donna dans la suite la cure de la Sainte-Chapelle.

Qu'un dîner réchauffé ne valut jamais rien. »
　　Ainsi dit Gilotin ; et ce ministre sage
Sur table, au même instant, fait servir le potage.
Le prélat voit la soupe, et, plein d'un saint respect,
Demeure quelque temps muet à cet aspect.
Il cède, il dîne enfin : mais toujours plus farouche,
Les morceaux, trop hâtés, se pressent dans sa bouche.
Gilotin en gémit, et, sortant de fureur,
Chez tous ses partisans va semer la terreur.
　　On voit courir chez lui leurs troupes éperdues,
Comme l'on voit marcher les bataillons de grues [1],
Quand le Pygmée [2] altier, redoublant ses efforts,
De l'Hèbre [3] ou du Strymon [4] vient d'occuper les bords.
A l'aspect imprévu de leur foule agréable,
Le prélat radouci veut se lever de table :
La couleur lui renaît, sa voix change de ton ;
Il fait par Gilotin rapporter un jambon.
Lui-même le premier, pour honorer la troupe,

---

[1] HOMÈRE, Iliade, liv. III, v. 6. (BOIL.)

[2] Les Pygmées n'avoient, suivant la fable, qu'une coudée de haut ; et Pline raconte que ce peuple *altier* étoit en guerre continuelle avec les grues, qui le chassèrent de la ville de Gérania.

[3] Fleuve de Thrace. (BOIL.)

[4] Fleuve de l'ancienne Thrace, et depuis de la Macédoine. (BOIL.)

D'un vin pur et vermeil il fait remplir sa coupe ;
Il l'avale d'un trait [1] ; et chacun l'imitant,
La cruche au large ventre est vide en un instant.
Sitôt que du nectar la troupe est abreuvée,
On dessert ; et soudain, la nappe étant levée,
Le prélat, d'une voix conforme à son malheur,
Leur confie en ces mots sa trop juste douleur :
« Illustres compagnons de mes longues fatigues,
Qui m'avez soutenu par vos pieuses ligues,
Et par qui, maître enfin d'un chapitre insensé,
Seul à MAGNIFICAT je me vois encensé ;
Souffrirez-vous toujours qu'un orgueilleux m'outrage ;
Que le chantre à vos yeux détruise votre ouvrage,
Usurpe tous mes droits, et, s'égalant à moi,
Donne à votre lutrin et le ton et la loi ?
Ce matin même encor, ce n'est point un mensonge,
Une divinité me l'a fait voir en songe ;
L'insolent, s'emparant du fruit de mes travaux,
A prononcé pour moi le BENEDICAT VOS !
Oui, pour mieux m'égorger, il prend mes propres armes. »
Le prélat à ces mots verse un torrent de larmes.
Il veut, mais vainement, poursuivre son discours ;
Ses sanglots redoublés en arrêtent le cours.
Le zélé Gilotin, qui prend part à sa gloire,
Pour lui rendre la voix fait apporter à boire ;

---

[1] *Imit.* VIRG., Æneid., lib. I, v. 742.

Quand Sidrac¹, à qui l'âge alonge le chemin,
Arrive dans la chambre, un bâton à la main.
Ce vieillard dans le chœur a déja vu quatre âges :
Il sait de tous les temps les différents usages,
Et son rare savoir, de simple marguillier²,
L'éleva par degrés au rang de chevecier³.
A l'aspect du prélat qui tombe en défaillance,
Il devine son mal, il se ride, il s'avance,
Et d'un ton paternel réprimant ses douleurs :
« Laisse au chantre, dit-il, la tristesse et les pleurs,
Prélat ; et, pour sauver tes droits et ton empire,
Écoute seulement ce que le ciel m'inspire.
Vers cet endroit du chœur où le chantre orgueilleux
Montre, assis à ta gauche, un front si sourcilleux ;
Sur ce rang d'ais serrés qui forment sa clôture,
Fut jadis un lutrin d'inégale structure,
Dont les flancs élargis, de leur vaste contour,
Ombrageoient pleinement tous les lieux d'alentour ⁴.

« ¹ *Sidrac* est le vrai nom d'un vieux chapelain-clerc
« de la Sainte-Chapelle, c'est-à-dire un chantre-musi-
« cien, dont la voix étoit une taille fort belle : son per-
« sonnage n'est point feint. » (Lettre de l'abbé Boileau
à Brossette, 12 février 1703.)

² C'est celui qui a soin des reliques. (BOIL.)

³ C'est celui qui a soin des chapes et de la cire. (BOIL.)

⁴ *Imit.* VIRG., Georg., lib. II, v. 296.

CHANT I.

Derrière ce lutrin, ainsi qu'au fond d'un antre,
A peine sur son banc on discernoit le chantre;
Tandis qu'à l'autre banc le prélat radieux,
Découvert au grand jour, attiroit tous les yeux.
Mais un démon, fatal à cette ample machine,
Soit qu'une main la nuit eût hâté sa ruine,
Soit qu'ainsi de tout temps l'ordonnât le destin,
Fit tomber à nos yeux le pupitre un matin.
J'eus beau prendre le ciel et le chantre à partie;
Il fallut l'emporter dans notre sacristie,
Où depuis trente hivers, sans gloire enseveli,
Il languit tout poudreux dans un honteux oubli.
Entends-moi donc, prélat. Dès que l'ombre tranquille
Viendra d'un crêpe noir envelopper la ville,
Il faut que trois de nous, sans tumulte et sans bruit,
Partent à la faveur de la naissante nuit,
Et du lutrin rompu réunissant la masse,
Aillent d'un zèle adroit le remettre en sa place.
Si le chantre demain ose le renverser,
Alors de cent arrêts tu le peux terrasser.
Pour soutenir tes droits, que le ciel autorise,
Abyme tout plutôt; c'est l'esprit de l'Église.
C'est par-là qu'un prélat signale sa vigueur.
Ne borne pas ta gloire à prier dans un chœur:
Ces vertus dans Aleth[1] peuvent être en usage;

---

[1] Ville du Bas-Languedoc, dont Nicolas Pavillon étoit

Mais dans Paris, plaidons : c'est là notre partage.
Tes bénédictions dans le trouble croissant,
Tu pourras les répandre et par vingt et par cent,
Et, pour braver le chantre en son orgueil extrême,
Les répandre à ses yeux, et le bénir lui-même. »
 Ce discours aussitôt frappe tous les esprits ;
Et le prélat charmé l'approuve par des cris.
Il veut que, sur-le-champ, dans la troupe on choisisse
Les trois que Dieu destine à ce pieux office :
Mais chacun prétend part à cet illustre emploi.
« Le sort, dit le prélat, vous servira de loi [1] :
Que l'on tire au billet ceux que l'on doit élire. »
 Il dit, on obéit, on se presse d'écrire.
Aussitôt trente noms, sur le papier tracés,
Sont au fond d'un bonnet par billets entassés.
Pour tirer ces billets avec moins d'artifice,
Guillaume, enfant de chœur, prête sa main novice :
Son front nouveau tondu, symbole de candeur,
Rougit, en approchant, d'une honnête pudeur.
Cependant le prélat, l'œil au ciel, la main nue,
Bénit trois fois les noms, et trois fois les remue.
Il tourne le bonnet : l'enfant tire ; et Brontin [2]

---

alors évêque. Étienne Pavillon, l'un de nos poëtes les plus aimables, étoit neveu de ce prélat.

[1] Homère, Iliad., liv. VII, v. 171. (Boil.)

[2] Son vrai nom étoit Frontin. Il étoit prêtre du dio-

CHANT I.

Est le premier des noms qu'apporte le destin.
Le prélat en conçoit un favorable augure,
Et ce nom dans la troupe excite un doux murmure.
On se tait; et bientôt on voit paroître au jour
Le nom, le fameux nom du perruquier l'Amour [1].
Ce nouvel Adonis, à la blonde crinière,
Est l'unique souci d'Anne sa perruquière.
Ils s'adorent l'un l'autre ; et ce couple charmant
S'unit long-temps, dit-on, avant le sacrement:
Mais, depuis trois moissons, à leur saint assemblage
L'official a joint le nom de mariage.
Ce perruquier superbe est l'effroi du quartier [2],
Et son courage est peint sur son visage altier.

cèse de Chartres, et sous-marguillier de la Sainte-Chapelle.

[1] Molière a peint le caractère de cet homme dans son MÉDECIN MALGRÉ LUI, à la fin de la première scène, sur ce que M. Despréaux lui en avoit dit. (BOIL.) — Didier l'Amour avoit sa boutique dans la cour du Palais, sous l'escalier de la Sainte-Chapelle.

[2] Il exerçoit une sorte de police dans la cour du Palais : armé d'un long fouet, il en chassoit impitoyablement les enfants et les chiens qui venoient y faire du bruit. Mais son courage n'avoit pas toujours été renfermé dans une enceinte aussi bornée. Pendant les troubles de Paris, le peuple ayant mis le feu aux portes de l'Hôtel-de-Ville, l'intrépide Didier se fit jour à travers

Un des noms reste encore, et le prélat, par grace,
Une dernière fois les brouille et les ressasse.
Chacun croit que son nom est le dernier des trois.
Mais que ne dis-tu point, ô puissant porte-croix,
Boirude[1], sacristain, cher appui de ton maître,
Lorsqu'aux yeux du prélat tu vis ton nom paroître!
On dit que ton front jaune, et ton teint sans couleur,
Perdit en ce moment son antique pâleur;
Et que ton corps goutteux, plein d'une ardeur guerrière,
Pour sauter au plancher fit deux pas en arrière.
Chacun bénit tout haut l'arbitre des humains,
Qui remet leur bon droit en de si bonnes mains.
Aussitôt on se lève; et l'assemblée en foule,
Avec un bruit confus, par les portes s'écoule.
Le prélat resté seul calme un peu son dépit,
Et jusques au souper se couche et s'assoupit.

la populace, et tira de l'Hôtel-de-Ville deux ou trois de ses amis, qui y étoient en danger.

[1] François Sirude, sous-marguillier, ou sacristain de la Sainte-Chapelle, portoit ordinairement la croix ou la bannière aux processions. Il fut, dans la suite, vicaire de la Sainte-Chapelle.

CHANT II.

Cependant cet oiseau qui prône les merveilles,
Ce monstre composé de bouches et d'oreilles [1],
Qui, sans cesse volant de climats en climats,
Dit par-tout ce qu'il sait et ce qu'il ne sait pas;
La Renommée enfin, cette prompte courrière,
Va d'un mortel effroi glacer la perruquière;
Lui dit que son époux, d'un faux zèle conduit,
Pour placer un lutrin doit veiller cette nuit.

A ce triste récit, tremblante, désolée,
Elle accourt, l'œil en feu, la tête échevelée,
Et trop sûre d'un mal qu'on pense lui celer :
« Oses-tu bien encor, traître, dissimuler [2]?
Dit-elle : et ni la foi que ta main m'a donnée,
Ni nos embrassements qu'a suivis l'hyménée,
Ni ton épouse enfin toute prête à périr,
Ne sauroient donc t'ôter cette ardeur de courir!
Perfide! si du moins, à ton devoir fidèle,
Tu veillois pour orner quelque tête nouvelle!
L'espoir d'un juste gain consolant ma langueur
Pourroit de ton absence adoucir la longueur.

[1] Énéide, liv. IV, v. 173. — [2] Ibid., v. 305. (BOIL.)

Mais quel zéle indiscret, quelle aveugle entreprise
Arme aujourd'hui ton bras en faveur d'une église?
Où vas-tu, cher époux? est-ce que tu me fuis?
As-tu donc oublié tant de si douces nuits?
Quoi! d'un œil sans pitié vois-tu couler mes larmes?
Au nom de nos baisers jadis si pleins de charmes,
Si mon cœur, de tout temps facile à tes desirs,
N'a jamais d'un moment différé tes plaisirs;
Si, pour te prodiguer mes plus tendres caresses,
Je n'ai point exigé ni serments, ni promesses,
Si toi seul à mon lit enfin eus toujours part,
Diffère au moins d'un jour ce funeste départ. »
   En achevant ces mots, cette amante enflammée
Sur un placet voisin tombe demi-pâmée.
Son époux s'en émeut, et son cœur éperdu
Entre deux passions demeure suspendu;
Mais enfin rappelant son audace première:
   « Ma femme, lui dit-il d'une voix douce et fière,
Je ne veux point nier les solides bienfaits
Dont ton amour prodigue a comblé mes souhaits;
Et le Rhin de ses flots ira grossir la Loire,
Avant que tes faveurs sortent de ma mémoire.
Mais ne présume pas qu'en te donnant ma foi
L'hymen m'ait pour jamais asservi sous ta loi:
Si le ciel en mes mains eût mis ma destinée,
Nous aurions fui tous deux le joug de l'hyménée;
Et, sans nous opposer ces devoirs prétendus,

Nous goûterions encor des plaisirs défendus.
Cesse donc à mes yeux d'étaler un vain titre :
Ne m'ôte pas l'honneur d'élever un pupitre ;
Et toi-même, donnant un frein à tes desirs,
Raffermis ma vertu qu'ébranlent tes soupirs.
Que te dirai-je enfin ? c'est le ciel qui m'appelle.
Une église, un prélat m'engage en sa querelle.
Il faut partir : j'y cours. Dissipe tes douleurs,
Et ne me trouble plus par ces indignes pleurs. »

Il la quitte à ces mots. Son amante effarée [1]
Demeure le teint pâle, et la vue égarée :
La force l'abandonne ; et sa bouche, trois fois
Voulant le rappeler, ne trouve plus de voix.
Elle fuit ; et, de pleurs inondant son visage,
Seule pour s'enfermer monte au cinquième étage ;
Mais, d'un bouge prochain accourant à ce bruit,
Sa servante Alizon la rattrape, et la suit.

Les ombres cependant, sur la ville épandues,
Du faîte des maisons descendent dans les rues [2] ;
Le souper hors du chœur chasse les chapelains,
Et de chantres buvants les cabarets sont pleins.
Le redouté Brontin, que son devoir éveille,
Sort à l'instant, chargé d'une triple bouteille
D'un vin dont Gilotin, qui savoit tout prévoir,

[1] *Imit.* VIRG. Ibid., v. 363.
[2] VIRG. Eclog. I, v. 84. (BOIL.)

Au sortir du conseil eut soin de le pourvoir.
L'odeur d'un jus si doux lui rend le faix moins rude :
Il est bientôt suivi du sacristain Boirude;
Et tous deux, de ce pas, s'en vont avec chaleur
Du trop lent perruquier réveiller la valeur.
« Partons, lui dit Brontin : déja le jour plus sombre,
Dans les eaux s'éteignant, va faire place à l'ombre.
D'où vient ce noir chagrin que je lis dans tes yeux?
Quoi! le pardon sonnant te retrouve en ces lieux?
Où donc est ce grand cœur dont tantôt l'alégresse
Sembloit du jour trop long accuser la paresse?
Marche, et suis-nous du moins où l'honneur nous attend. »
Le perruquier honteux rougit en l'écoutant.
Aussitôt de longs clous il prend une poignée :
Sur son épaule il charge une lourde coignée;
Et derrière son dos, qui tremble sous le poids,
Il attache une scie en forme de carquois :
Il sort au même instant, il se met à leur tête.
A suivre ce grand chef l'un et l'autre s'apprête :
Leur cœur semble allumé d'un zéle tout nouveau;
Brontin tient un maillet, et Boirude un marteau.
La lune qui du ciel voit leur démarche altière,
Retire en leur faveur sa paisible lumière [1].
La Discorde en sourit, et, les suivant des yeux,
De joie, en les voyant, pousse un cri dans les cieux.

---

[1] *Imit.* Virg. Æneid., lib. VI, v. 268.

CHANT II.

L'air, qui gémit du cri de l'horrible déesse,
Va jusque dans Cîteaux [1] réveiller la Mollesse.
C'est là qu'en un dortoir elle fait son séjour :
Les Plaisirs nonchalants folâtrent à l'entour ;
L'un pétrit dans un coin l'embonpoint des chanoines ;
L'autre broie en riant le vermillon des moines :
La Volupté la sert avec des yeux dévots,
Et toujours le Sommeil lui verse des pavots.
Ce soir, plus que jamais, en vain il les redouble.
La Mollesse à ce bruit se réveille, se trouble ;
Quand la Nuit, qui déja va tout envelopper,
D'un funeste récit vient encor la frapper ;
Lui conte du prélat l'entreprise nouvelle :
Au pied des murs sacrés d'une sainte chapelle,
Elle a vu trois guerriers, ennemis de la paix,
Marcher à la faveur de ses voiles épais :
La Discorde en ces lieux menace de s'accroître :
Demain avec l'aurore un lutrin va paroître,
Qui doit y soulever un peuple de mutins.
Ainsi le ciel l'écrit au livre des destins.

A ce triste discours, qu'un long soupir achève,
La Mollesse, en pleurant, sur un bras se relève,

---

[1] Fameuse abbaye de l'ordre de saint Bernard, située en Bourgogne. Les religieux de Cîteaux n'avoient pas encore embrassé la réforme établie dans quelques maisons de leur ordre.

Ouvre un œil languissant, et, d'une foible voix,
Laisse tomber ces mots [1], qu'elle interrompt vingt fois :
« O Nuit ! que m'as-tu dit ? quel démon sur la terre
Souffle dans tous les cœurs la fatigue et la guerre ?
Hélas ! qu'est devenu ce temps, cet heureux temps,
Où les rois s'honoroient du nom de fainéants ;
S'endormoient sur le trône, et, me servant sans honte,
Laissoient leur sceptre aux mains ou d'un maire ou d'un comte [2]
Aucun soin n'approchoit de leur paisible cour :
On reposoit la nuit, on dormoit tout le jour.
Seulement au printemps, quand Flore dans les plaines
Faisoit taire des vents les bruyantes haleines,
Quatre bœufs attelés, d'un pas tranquille et lent,
Promenoient dans Paris le monarque indolent.
Ce doux siècle n'est plus. Le ciel impitoyable
A placé sur le trône un prince infatigable.
Il brave mes douceurs, il est sourd à ma voix :
Tous les jours il m'éveille au bruit de ses exploits.
Rien ne peut arrêter sa vigilante audace :
L'été n'a point de feux, l'hiver n'a point de glace.
J'entends à son seul nom tous mes sujets frémir.
En vain deux fois la paix a voulu l'endormir ;

[1] *Imit.* VIRG. Æneid., lib. VI, v. 686.
[2] Sous les rois de la première race, le maire du Palais, *major Palatii*, étoit le premier officier de la couronne ; le comte du Palais, *comes Palatii*, étoit le second.

Loin de moi son courage, entraîné par la gloire,
Ne se plaît qu'à courir de victoire en victoire.
Je me fatiguerois à te tracer le cours
Des outrages cruels qu'il me fait tous les jours.
Je croyois, loin des lieux d'où ce prince m'exile,
Que l'Église du moins m'assuroit un asile :
Mais en vain j'espérois y régner sans effroi;
Moines, abbés, prieurs, tout s'arme contre moi.
Par mon exil honteux la Trappe¹ est ennoblie;
J'ai vu dans Saint-Denis la réforme établie;
Le Carme, le Feuillant, s'endurcit aux travaux;
Et la règle déja se remet dans Clairvaux.
Cîteaux dormoit encore, et la Sainte-Chapelle
Conservoit du vieux temps l'oisiveté fidéle :
Et voici qu'un lutrin, prêt à tout renverser,
D'un séjour si chéri vient encor me chasser!
O toi! de mon repos compagne aimable et sombre,
A de si noirs forfaits prêteras-tu ton ombre?
Ah! Nuit, si tant de fois, dans les bras de l'amour,
Je t'admis aux plaisirs que je cachois au jour,
Du moins ne permets pas... » La Mollesse oppressée
Dans sa bouche à ce mot sent sa langue glacée,

¹ Abbaye de saint Bernard, dans laquelle l'abbé Armand Bouthilier de Rancé a mis la réforme.
(BOIL.)

Et, lasse de parler, succombant sous l'effort,
Soupire, étend les bras, ferme l'œil, et s'endort[1].

[1] La duchesse d'Orléans, Henriette d'Angleterre, ayant un jour aperçu Boileau dans la galerie de Versailles, lui fit signe d'approcher, et lui dit à l'oreille :

Soupire, étend les bras, ferme l'œil, et s'endort.

CHANT III.

Mais la Nuit aussitôt de ses ailes affreuses
Couvre des Bourguignons les campagnes vineuses [1],
Revole vers Paris, et, hâtant son retour,
Déja de Montlhéri [2] voit la fameuse tour.
Ses murs, dont le sommet se dérobe à la vue,
Sur la cime d'un roc s'alongent dans la nue,
Et, présentant de loin leur objet ennuyeux,
Du passant qui le fuit semblent suivre les yeux.
Mille oiseaux effrayants, mille corbeaux funèbres,
De ces murs désertés habitent les ténèbres.
Là, depuis trente hivers, un hibou retiré
Trouvoit contre le jour un refuge assuré.
Des désastres fameux ce messager fidèle
Sait toujours des malheurs la première nouvelle,
Et, tout prêt d'en semer le présage odieux,
Il attendoit la nuit dans ces sauvages lieux.
Aux cris qu'à son abord vers le ciel il envoie,
Il rend tous ses voisins attristés de sa joie.

---

[1] *Imit.* Æneid. lib. II, v. 250.
[2] Tour très haute, à six lieues de Paris, sur le chemin d'Orléans. (BOIL.)

La plaintive Progné de douleur en frémit,
Et, dans les bois prochains, Philomèle en gémit.
Suis-moi, lui dit la Nuit. L'oiseau plein d'alégresse
Reconnoît à ce ton la voix de sa maîtresse.
Il la suit : et tous deux, d'un cours précipité,
De Paris à l'instant abordent la cité.
Là, s'élançant d'un vol que le vent favorise,
Ils montent au sommet de la fatale église.
La Nuit baisse la vue, et, du haut du clocher,
Observe les guerriers, les regarde marcher.
Elle voit le barbier qui, d'une main légère,
Tient un verre de vin qui rit dans la fougère ;
Et chacun, tour-à-tour s'inondant de ce jus,
Célébrer, en buvant, Gilotin et Bacchus.
« Ils triomphent ! dit-elle ; et leur ame abusée
Se promet dans mon ombre une victoire aisée :
Mais allons : il est temps qu'ils connoissent la Nuit. »
A ces mots, regardant le hibou qui la suit,
Elle perce les murs de la voûte sacrée ;
Jusqu'en la sacristie elle s'ouvre une entrée ;
Et, dans le ventre creux du pupitre fatal,
Va placer de ce pas le sinistre animal.

Mais les trois champions, pleins de vin et d'audace,
Du Palais cependant passent la grande place ;
Et, suivant de Bacchus les auspices sacrés,
De l'auguste chapelle ils montent les degrés.
Ils atteignoient déja le superbe portique

CHANT III.

Où Ribou[1] le libraire, au fond de sa boutique,
Sous vingt fidèles clefs garde et tient en dépôt
L'amas toujours entier des écrits de Haynaut[2],
Quand Boirude, qui voit que le péril approche,
Les arrête, et, tirant un fusil de sa poche,
Des veines d'un caillou[3], qu'il frappe au même instant,
Il fait jaillir un feu qui petille en sortant,
Et bientôt, au brasier d'une mèche enflammée,
Montre, à l'aide du soufre, une cire allumée.
Cet astre tremblotant, dont le jour les conduit,
Est pour eux un soleil au milieu de la nuit.
Le temple à sa faveur est ouvert par Boirude :
Ils passent de la nef la vaste solitude,
Et dans la sacristie entrant, non sans terreur,
En percent jusqu'au fond la ténébreuse horreur.
 C'est là que du lutrin gît la machine énorme :
La troupe quelque temps en admire la forme.
Mais le barbier, qui tient les moments précieux :
« Ce spectacle n'est pas pour amuser nos yeux[4],
Dit-il : le temps est cher, portons-le dans le temple ;

---

[1] Il avoit publié, en 1669, la SATIRE DES SATIRES, comédie de Boursault dirigée contre Boileau.

[2] Déja nommé dans la satire IX.

[3] VIRG., Géorg., liv. I, v. 135 ; et Énéide, liv. I, v. 178. (BOIL.)

[4] *Imit.* Æneid. lib. VI, v. 37.

C'est là qu'il faut demain qu'un prélat le contemple. »
Et d'un bras, à ces mots, qui peut tout ébranler,
Lui-même, se courbant, s'apprête à le rouler.
Mais à peine il y touche, ô prodige incroyable[1]!
Que du pupitre sort une voix effroyable.
Brontin en est ému ; le sacristain pâlit ;
Le perruquier commence à regretter son lit.
Dans son hardi projet toutefois il s'obstine,
Lorsque des flancs poudreux de la vaste machine
L'oiseau sort en courroux, et, d'un cri menaçant,
Achève d'étonner le barbier frémissant :
De ses ailes dans l'air secouant la poussière,
Dans la main de Boirude il éteint la lumière.
Les guerriers à ce coup demeurent confondus ;
Ils regagnent la nef, de frayeur éperdus :
Sous leurs corps tremblotans leurs genoux s'affoiblissent ;
D'une subite horreur leurs cheveux se hérissent[2] ;
Et bientôt, au travers des ombres de la nuit,
Le timide escadron se dissipe et s'enfuit.

 Ainsi lorsqu'en un coin, qui leur tient lieu d'asile,
D'écoliers libertins une troupe indocile,
Loin des yeux d'un préfet au travail assidu,
Va tenir quelquefois un brelan défendu ;

---

[1] Énéide, liv. III, v. 39. (BOIL.)
[2] *Imit.* Æneid. lib. II, v. 774. — Ibid., lib. III, v. 48.
— Ibid., lib. XII, v. 867.

CHANT III. 93

Si du veillant Argus la figure effrayante
Dans l'ardeur du plaisir à leurs yeux se présente,
Le jeu cesse à l'instant, l'asile est déserté,
Et tout fuit à grands pas le tyran redouté.
La Discorde, qui voit leur honteuse disgrace,
Dans les airs cependant tonne, éclate, menace,
Et, malgré la frayeur dont leurs cœurs sont glacés,
S'apprête à réunir ses soldats dispersés.
Aussitôt de Sidrac elle emprunte l'image :
Elle ride son front, alonge son visage,
Sur un bâton noueux laisse courber son corps,
Dont la chicane semble animer les ressorts,
Prend un cierge en sa main, et, d'une voix cassée,
Vient ainsi gourmander la troupe terrassée :
« Lâches, où fuyez-vous ? quelle peur vous abat [1] ?
Aux cris d'un vil oiseau vous cédez sans combat !
Où sont ces beaux discours jadis si pleins d'audace ?
Craignez-vous d'un hibou l'impuissante grimace ?
Que feriez-vous, hélas ! si quelque exploit nouveau
Chaque jour, comme moi, vous traînoit au barreau ;
S'il falloit, sans amis, briguant une audience,
D'un magistrat glacé soutenir la présence,
Ou, d'un nouveau procès, hardi solliciteur,
Aborder, sans argent, un clerc de rapporteur ?
Croyez-moi, mes enfans, je vous parle à bon titre :

[1] *Imit.* Iliade, liv. VII, v. 124.

J'ai moi seul autrefois plaidé tout un chapitre;
Et le barreau n'a point de monstres si hagards
Dont mon œil n'ait cent fois soutenu les regards.
Tous les jours sans trembler j'assiégeois leurs passages.
L'église étoit alors fertile en grands courages :
Le moindre d'entre nous, sans argent, sans appui [1],
Eût plaidé le prélat, et le chantre avec lui.
Le monde, de qui l'âge avance les ruines,
Ne peut plus enfanter de ces ames divines :
Mais que vos cœurs, du moins, imitant leurs vertus,
De l'aspect d'un hibou ne soient pas abattus.
Songez quel déshonneur va souiller votre gloire,
Quand le chantre demain entendra sa victoire.
Vous verrez tous les jours le chanoine insolent,
Au seul mot de hibou, vous sourire en parlant.
Votre ame, à ce penser, de colère murmure;
Allez donc de ce pas en prévenir l'injure;
Méritez les lauriers qui vous sont réservés,
Et ressouvenez-vous quel prélat vous servez.
Mais déja la fureur dans vos yeux étincelle :
Marchez, courez, volez où l'honneur vous appelle.
Que le prélat, surpris d'un changement si prompt,
Apprenne la vengeance aussitôt que l'affront. »
 En achevant ces mots, la déesse guerrière
De son pied trace en l'air un sillon de lumière,

---

[1] Iliade, liv. I, Discours de Nestor._(BOIL.)

Rend aux trois champions leur intrépidité,
Et les laisse tout pleins de sa divinité.

C'est ainsi, grand Condé, qu'en ce combat célèbre [1]
Où ton bras fit trembler le Rhin, l'Escaut et l'Èbre,
Lorsqu'aux plaines de Lens nos bataillons poussés
Furent presque à tes yeux ouverts et renversés,
Ta valeur, arrêtant les troupes fugitives,
Rallia d'un regard leurs cohortes craintives;
Répandit dans leurs rangs ton esprit belliqueux,
Et força la victoire à te suivre avec eux.

La colère à l'instant succédant à la crainte,
Ils rallument le feu de leur bougie éteinte.
Ils rentrent; l'oiseau sort: l'escadron raffermi
Rit du honteux départ d'un si foible ennemi.
Aussitôt dans le chœur la machine emportée
Est sur le banc du chantre à grand bruit remontée.
Ses ais demi-pourris, que l'âge a relâchés,
Sont à coups de maillet unis et rapprochés.
Sous les coups redoublés tous les bancs retentissent:
Les murs en sont émus, les voûtes en mugissent,
Et l'orgue même en pousse un long gémissement [2].

Que fais-tu, chantre, hélas! dans ce triste moment?

---

[1] En 1649. (BOIL.) — La bataille de Lens, gagnée par M. le Prince contre les Espagnols et les Allemands, se donna le 10 août 1648.

[2] *Imit. Æneid.* lib. II, v. 53.

Tu dors d'un profond somme, et ton cœur sans alarmes
Ne sait pas qu'ou bâtit l'instrument de tes larmes !
Oh ! que si quelque bruit, par un heureux réveil,
T'annonçoit du lutrin le funeste appareil,
Avant que de souffrir qu'on en posât la masse,
Tu viendrois en apôtre expirer dans ta place,
Et, martyr glorieux d'un point d'honneur nouveau,
Offrir ton corps aux clous et ta tête au marteau.
Mais déja sur ton banc la machine enclavée
Est, durant ton sommeil, à ta honte élevée :
Le sacristain achève en deux coups de rabot,
Et le pupitre enfin tourne sur son pivot.

CHANT IV.

Les cloches dans les airs, de leurs voix argentines,
Appeloient à grand bruit les chantres à matines,
Quand leur chef[1], agité d'un sommeil effrayant,
Encor tout en sueur, se réveille en criant.
Aux élans redoublés de sa voix douloureuse,
Tous ses valets tremblants quittent la plume oiseuse :
Le vigilant Girot[2] court à lui le premier.
C'est d'un maître si saint le plus digne officier ;
La porte dans le chœur à sa garde est commise :
Valet souple au logis, fier huissier à l'église.
 « Quel chagrin, lui dit-il, trouble votre sommeil ?
Quoi ! voulez-vous au chœur prévenir le soleil ?
Ah ! dormez ; et laissez à des chantres vulgaires
Le soin d'aller sitôt mériter leurs salaires. »
 « Ami, lui dit le chantre encor pâle d'horreur,
N'insulte point, de grace, à ma juste terreur :
Mêle plutôt ici tes soupirs à mes plaintes,
Et tremble, en écoutant le sujet de mes craintes.
Pour la seconde fois un sommeil gracieux

---

[1] Le chantre. (BOIL.)
[2] Brunot. Il étoit fâché que l'auteur ne l'eût pas désigné par son véritable nom.

Avoit sous ses pavots appesanti mes yeux,
Quand, l'esprit enivré d'une douce fumée,
J'ai cru remplir au chœur ma place accoutumée.
Là, triomphant aux yeux des chantres impuissants,
Je bénissois le peuple, et j'avalois l'encens,
Lorsque du fond caché de notre sacristie
Une épaisse nuée à grands flots est sortie,
Qui, s'ouvrant à mes yeux, dans son bleuâtre éclat
M'a fait voir un serpent conduit par le prélat.
Du corps de ce dragon, plein de soufre et de nitre,
Une tête sortoit en forme de pupitre,
Dont le triangle affreux, tout hérissé de crins,
Surpassoit en grosseur nos plus épais lutrins.
Animé par son guide, en sifflant il s'avance :
Contre moi sur mon banc je le vois qui s'élance.
J'ai crié, mais en vain : et, fuyant sa fureur,
Je me suis réveillé plein de trouble et d'horreur. »
   Le chantre, s'arrêtant à cet endroit funeste,
A ses yeux effrayés laisse dire le reste.
Girot en vain l'assure, et, riant de sa peur,
Nomme sa vision l'effet d'une vapeur :
Le désolé vieillard, qui hait la raillerie,
Lui défend de parler, sort du lit en furie.
On apporte à l'instant ses somptueux habits,
Où sur l'ouate molle éclate le tabis.
D'une longue soutane il endosse la moire,
Prend ses gants violets, les marques de sa gloire,

CHANT IV.

Et saisit, en pleurant, ce rochet qu'autrefois
Le prélat trop jaloux lui rogna de trois doigts [1].
Aussitôt, d'un bonnet ornant sa tête grise,
Déjà l'aumusse en main il marche vers l'église,
Et, hâtant de ses ans l'importune langueur,
Court, vole, et, le premier, arrive dans le chœur.
    O toi qui, sur ces bords qu'une eau dormante mouille [2],
Vis combattre autrefois le rat et la grenouille;
Qui, par les traits hardis d'un bizarre pinceau,
Mis l'Italie en feu pour la perte d'un seau [3];
Muse, prête à ma bouche une voix plus sauvage,
Pour chanter le dépit, la colère, la rage,
Que le chantre sentit allumer dans son sang
A l'aspect du pupitre élevé sur son banc.
D'abord pâle et muet, de colère immobile,
A force de douleur, il demeura tranquille [4] :
Mais sa voix, s'échappant au travers des sanglots,
Dans sa bouche à la fin fit passage à ces mots :

---

[1] Un arrêt du parlement avoit condamné le chantre à porter un rochet plus court que celui du trésorier.

[2] Homère a fait LA GUERRE DES RATS ET DES GRENOUILLES. (BOIL.)

[3] LA SECCHIA RAPITA, poëme italien. (BOIL.) — D'Alexandre Tassoni, natif de Modène, et qui mourut en la même ville en 1635.

[4] *Imit.* SENEC. Hippolyt., act. II, v. 607.

« La voilà donc, Girot, cette hydre épouvantable
Que m'a fait voir un songe, hélas! trop véritable!
Je le vois ce dragon tout prêt à m'égorger,
Ce pupitre fatal qui me doit ombrager!
Prélat, que t'ai-je fait? quelle rage envieuse
Rend pour me tourmenter ton ame ingénieuse?
Quoi! même dans ton lit, cruel, entre deux draps,
Ta profane fureur ne se repose pas!
O ciel! quoi! sur mon banc une honteuse masse
Désormais me va faire un cachot de ma place!
Inconnu dans l'église, ignoré dans ce lieu,
Je ne pourrai donc plus être vu que de Dieu!
Ah! plutôt qu'un moment cet affront m'obscurcisse,
Renonçons à l'autel, abandonnons l'office;
Et, sans lasser le ciel par des chants superflus,
Ne voyons plus un chœur où l'on ne nous voit plus.
Sortons... Mais cependant mon ennemi tranquille
Jouira sur son banc de ma rage inutile,
Et verra dans le chœur le pupitre exhaussé
Tourner sur le pivot où sa main l'a placé!
Non, s'il n'est abattu, je ne saurois plus vivre.
A moi, Girot, je veux que mon bras m'en délivre.
Périssons, s'il le faut : mais de ses ais brisés
Entraînons, en mourant, les restes divisés. »
 A ces mots, d'une main par la rage affermie,
Il saisissoit déjà la machine ennemie,
Lorsqu'en ce sacré lieu, par un heureux hasard,

Entrent Jean le choriste, et le sonneur Girard[1],
Deux Manceaux renommés, en qui l'expérience
Pour les procès est jointe à la vaste science.
L'un et l'autre aussitôt prend part à son affront;
Toutefois condamnant un mouvement trop prompt:
« Du lutrin, disent-ils, abattons la machine :
Mais ne nous chargeons pas tout seuls de sa ruine;
Et que tantôt, aux yeux du chapitre assemblé,
Il soit, sous trente mains, en plein jour accablé. »
Ces mots des mains du chantre arrachent le pupitre.
J'y consens, leur dit-il, assemblons le chapitre.
Allez donc de ce pas, par de saints hurlements,
Vous-mêmes appeler les chanoines dormants.
Partez. Mais ce discours les surprend et les glace.
« Nous! qu'en ce vain projet, pleins d'une folle audace,
Nous allions, dit Girard, la nuit nous engager!
De notre complaisance osez-vous l'exiger?
Hé! seigneur, quand nos cris pourroient, du fond des rues,
De leurs appartements percer les avenues,
Réveiller ces valets autour d'eux étendus,

---

[1] Il se noya dans la Seine, victime du pari qu'il avoit fait de la passer neuf fois de suite à la nage. Boileau, encore écolier, l'avoit vu monter, une bouteille à la main, sur les rebords du toit de la Sainte-Chapelle, et là, en présence de la multitude effrayée, vider d'un trait cette bouteille.

De leur sacré repos ministres assidus,
Et pénétrer des lits au bruit inaccessibles,
Pensez-vous, au moment que les ombres paisibles
A ces lits enchanteurs ont su les attacher,
Que la voix d'un mortel les en puisse arracher?
Deux chantres feront-ils, dans l'ardeur de vous plaire,
Ce que depuis trente ans six cloches n'ont pu faire? »

« Ah! je vois bien où tend tout ce discours trompeur,
Reprend le chaud vieillard : le prélat vous fait peur.
Je vous ai vus cent fois, sous sa main bénissante,
Courber servilement une épaule tremblante.
Eh bien! allez; sous lui fléchissez les genoux :
Je saurai réveiller les chanoines sans vous.
Viens, Girot, seul ami qui me reste fidéle :
Prenons du saint jeudi la bruyante crécelle [1].
Suis-moi. Qu'à son lever le soleil aujourd'hui
Trouve tout le chapitre éveillé devant lui. »

Il dit. Du fond poudreux d'une armoire sacrée
Par les mains de Girot la crécelle est tirée.
Ils sortent à l'instant, et, par d'heureux efforts,
Du lugubre instrument font crier les ressorts.
Pour augmenter l'effroi, la Discorde infernale
Monte dans le Palais, entre dans la grand'salle,
Et, du fond de cet antre, au travers de la nuit,

---

[1] Instrument dont on se sert le jeudi saint, au lieu de cloches. (BOIL.)

CHANT IV.

Fait sortir le démon du tumulte et du bruit.
Le quartier alarmé n'a plus d'yeux qui sommeillent ;
Déja de toutes parts les chanoines s'éveillent :
L'un croit que le tonnerre est tombé sur les toits,
Et que l'église brûle une seconde fois [1] ;
L'autre, encore agité de vapeurs plus funèbres,
Pense être au jeudi saint, croit que l'on dit ténèbres ;
Et déja tout confus, tenant midi sonné,
En soi-même frémit de n'avoir point dîné.

Ainsi, lorsque tout prêt à briser cent murailles
Louis, la foudre en main, abandonnant Versailles,
Au retour du soleil et des zéphyrs nouveaux,
Fait dans les champs de Mars déployer ses drapeaux ;
Au seul bruit répandu de sa marche étonnante,
Le Danube s'émeut, le Tage s'épouvante [2] :
Bruxelle attend le coup qui la doit foudroyer,
Et le Batave encore est prêt à se noyer.

Mais en vain dans leurs lits un juste effroi les presse.
Aucun ne laisse encor la plume enchanteresse.
Pour les en arracher Girot s'inquiétant
Va crier qu'au chapitre un repas les attend.

[1] Le toit de la Sainte-Chapelle fut brûlé en 1618. (BOIL.) — Suivant Brossette, Boileau confond cet incendie avec celui de la grande salle du Palais, et c'est en 1630 que le toit de la Sainte-Chapelle fut brûlé.
[2] *Imit.* Georg. lib. I, v. 509.

Ce mot dans tous les cœurs répand la vigilance :
Tout s'ébranle, tout sort, tout marche en diligence.
Ils courent au chapitre, et chacun se pressant
Flatte d'un doux espoir son appétit naissant.
Mais, ô d'un déjeuner vaine et frivole attente!
A peine ils sont assis, que, d'une voix dolente,
Le chantre désolé, lamentant son malheur,
Fait mourir l'appétit et naître la douleur.
Le seul chanoine Évrard[1], d'abstinence incapable,
Ose encor proposer qu'on apporte la table.
Mais il a beau presser, aucun ne lui répond :
Quand, le premier rompant ce silence profond,
Alain[2] tousse, et se lève; Alain, ce savant homme,
Qui de Bauni[3] vingt fois a lu toute la Somme,

---

[1] L'abbé Danse, qui aimoit également la bonne chère et la propreté, et qui mourut à Ivri en 1699.

[2] Boileau désigne ici le chanoine Aubery, confesseur de M. de Lamoignon, et qui ne parloit jamais sans avoir préalablement toussé. Son frère, Antoine Aubery, avocat au conseil, est auteur d'une HISTOIRE GÉNÉRALE DES CARDINAUX; des BIOGRAPHIES SPÉCIALES DES CARDINAUX DE JOYEUSE et DE RICHELIEU, et de plusieurs autres ouvrages estimables.

[3] Jésuite, auteur d'un livre intitulé : LA SOMME DES PÉCHÉS QUE L'ON PEUT COMMETTRE DANS TOUS LES ÉTATS, publié en 1634.

CHANT IV.

Qui possédé Abéli, qui sait tout Raconis [1],
Et même entend, dit-on, le latin d'A-Kempis [2].
« N'en doutez point, leur dit ce savant canoniste,
Ce coup part, j'en suis sûr, d'une main janséniste.
Mes yeux en sont témoins : j'ai vu moi-même hier
Entrer chez le prélat le chapelain Garnier [3].
Arnauld, cet hérétique ardent à nous détruire,
Par ce ministre adroit tente de le séduire :
Sans doute il aura lu dans son Saint-Augustin
Qu'autrefois saint Louis érigea ce lutrin [4];
Il va nous inonder des torrents de sa plume.
Il faut, pour lui répondre, ouvrir plus d'un volume.
Consultons sur ce point quelque auteur signalé;
Voyons si des lutrins Bauni n'a point parlé :

[1] Abra de Raconis, évêque de Lavaur, a fait imprimer un grand nombre de volumes. Il étoit doué d'une extrême facilité, et, à l'âge de dix-neuf ans, il professoit la philosophie au collège des Grassins.

[2] Thomas A-Kempis, chanoine régulier, passe communément pour être l'auteur du livre DE IMITATIONE CHRISTI.

[3] Louis Le Fournier, chapelain perpétuel de la Sainte-Chapelle, n'avoit jamais pris part aux démêlés du chantre et du trésorier; mais ses liaisons avec Arnauld le faisoient regarder comme un janséniste par le chanoine Aubery.

[4] Le savant Alain fait ici un terrible anachronisme : saint Augustin vivoit huit siècles avant saint Louis.

Étudions enfin, il en est temps encore;
Et, pour ce grand projet, tantôt, dès que l'aurore
Rallumera le jour dans l'onde enseveli,
Que chacun prenne en main le moelleux Abéli[1]. »
 Ce conseil imprévu de nouveau les étonne :
Sur-tout le gras Évrard d'épouvante en frissonne.
« Moi, dit-il, qu'à mon âge, écolier tout nouveau,
J'aille pour un lutrin me troubler le cerveau !
O le plaisant conseil ! Non, non, songeons à vivre:
Va maigrir, si tu veux, et sécher sur un livre.
Pour moi, je lis la Bible autant que l'Alcoran :
Je sais ce qu'un fermier nous doit rendre par an;
Sur quelle vigne à Reims nous avons hypothéqué[2] :
Vingt muids rangés chez moi font ma bibliothèque.
En plaçant un pupitre on croit nous rabaisser :
Mon bras seul, sans latin, saura le renverser.
Que m'importe qu'Arnauld me condamne ou m'approuve:
J'abats ce qui me nuit par-tout où je le trouve :
C'est là mon sentiment. A quoi bon tant d'apprêts ?
Du reste déjeunons, messieurs, et buvons frais. »
 Ce discours, que soutient l'embonpoint du visage,
Rétablit l'appétit, réchauffe le courage :

[1] Fameux auteur, qui a fait la MOUELLE THÉOLOGIQUE, *Medulla Theologica*. (BOIL.)
[2] L'abbaye de Saint-Nicaise de Reims étoit unie au chapitre de la Sainte-Chapelle.

Mais le chantre sur-tout en paroît rassuré.
« Oui, dit-il, le pupitre a déja trop duré.
Allons sur sa ruine assurer ma vengeance :
Donnons à ce grand œuvre une heure d'abstinence ;
Et qu'au retour tantôt un ample déjeuner
Long-temps nous tienne à table, et s'unisse au dîner. »
  Aussitôt il se léve, et la troupe fidéle
Par ces mots attirants sent redoubler son zéle.
Ils marchent droit au chœur d'un pas audacieux,
Et bientôt le lutrin se fait voir à leurs yeux.
  A ce terrible objet aucun d'eux ne consulte :
Sur l'ennemi commun ils fondent en tumulte ;
Ils sapent le pivot, qui se défend en vain ;
Chacun sur lui d'un coup veut honorer sa main.
Enfin sous tant d'efforts la machine succombe,
Et son corps entr'ouvert chancelle, éclate, et tombe.
Tel sur les monts glacés des farouches Gélons [1]
Tombe un chêne battu des voisins aquilons ;
Ou tel, abandonné de ses poutres usées,
Fond enfin un vieux toit sous ses tuiles brisées.
La masse est emportée, et ses ais arrachés
Sont aux yeux des mortels chez le chantre cachés.

[1] Peuples de Sarmatie, voisins du Borysthène. (Boil.)

CHANT V[1].

L'Aurore cependant, d'un juste effroi troublée,
Des chanoines levés voit la troupe assemblée,
Et contemple long-temps, avec des yeux confus,
Ces visages fleuris qu'elle n'a jamais vus.
Chez Sidrac aussitôt Brontin, d'un pied fidèle,
Du pupitre abattu va porter la nouvelle.
Le vieillard de ses soins bénit l'heureux succès,
Et sur un bois détruit bâtit mille procès.
L'espoir d'un doux tumulte échauffant son courage,
Il ne sent plus le poids ni les glaces de l'âge;
Et chez le trésorier, de ce pas, à grand bruit,
Vient étaler au jour les crimes de la nuit.
Au récit imprévu de l'horrible insolence,
Le prélat hors du lit impétueux s'élance.
Vainement d'un breuvage à deux mains apporté
Gilotin avant tout le veut voir humecté:
Il veut partir à jeun. Il se peigne, il s'apprête;

---

[1] Ce chant et le suivant furent publiés en 1681, sept ans après les premiers.

Le combat des chantres et des chanoines, lu à Colbert, au lit de mort, égaya ses derniers instants.

L'ivoire trop hâté deux fois rompt sur sa tête,
Et deux fois de sa main le buis tombe en morceaux :
Tel Hercule filant rompoit tous les fuseaux.
Il sort demi-paré. Mais déja sur sa porte
Il voit de saints guerriers une ardente cohorte,
Qui tous, remplis pour lui d'une égale vigueur,
Sont prêts, pour le servir, à déserter le chœur.
Mais le vieillard condamne un projet inutile.
Nos destins sont, dit-il, écrits chez la Sibylle :
Son antre n'est pas loin; allons la consulter,
Et subissons la loi qu'elle nous va dicter.
Il dit : à ce conseil, où la raison domine,
Sur ses pas au barreau la troupe s'achemine,
Et bientôt, dans le temple, entend, non sans frémir,
De l'antre redouté les soupiraux gémir.

 Entre ces vieux appuis dont l'affreuse grand'salle
Soutient l'énorme poids de sa voûte infernale,
Est un pilier fameux [1], des plaideurs respecté,
Et toujours de Normands à midi fréquenté.
Là, sur des tas poudreux de sacs et de pratique,
Hurle tous les matins une Sibylle étique :
On l'appelle Chicane; et ce monstre odieux
Jamais pour l'équité n'eut d'oreilles ni d'yeux.
La Disette au teint blême, et la triste Famine,
Les Chagrins dévorants, et l'infame Ruine,

---

[1] Le pilier des consultations. (BOIL.)

Enfants infortunés de ses raffinements,
Troublent l'air d'alentour de longs gémissements.
Sans cesse feuilletant les lois et la coutume,
Pour consumer autrui, le monstre se consume;
Et, dévorant maisons, palais, châteaux entiers,
Rend pour des monceaux d'or de vains tas de papiers.
Sous le coupable effort de sa noire insolence,
Thémis a vu cent fois chanceler sa balance.
Incessamment il va de détour en détour :
Comme un hibou, souvent il se dérobe au jour :
Tantôt, les yeux en feu, c'est un lion superbe;
Tantôt, humble serpent, il se glisse sous l'herbe [1].
En vain, pour le dompter, le plus juste des rois
Fit régler le chaos des ténébreuses lois :
Ses griffes, vainement par Pussort [2] accourcies,
Se ralongent déjà, toujours d'encre noircies;
Et ses ruses, perçant et digues et remparts,
Par cent brèches déjà rentrent de toutes parts.
  Le vieillard humblement l'aborde et le salue;
Et faisant, avant tout, briller l'or à sa vue:
  « Reine des longs procès, dit-il, dont le savoir

[1] *Imit.* Virgil. Georg., lib. IV, v. 407.
[2] Monsieur Pussort, conseiller d'état, est celui qui a le plus contribué à faire le Code. (Boil.) — Par *le Code*, Boileau entend ici les ordonnances de 1667 et 1670, sur les procédures civile et criminelle.

CHANT V.

Rend la force inutile, et les lois sans pouvoir,
Toi pour qui dans le Mans le laboureur moissonne,
Pour qui naissent à Caen tous les fruits de l'automne :
Si, dès mes premiers ans, heurtant tous les mortels,
L'encre a toujours pour moi coulé sur tes autels,
Daigne encor me connoître en ma saison dernière.
D'un prélat qui t'implore exauce la prière.
Un rival orgueilleux, de ma gloire offensé,
A détruit le lutrin par nos mains redressé.
Épuise en sa faveur ta science fatale :
Du Digeste et du Code ouvre-nous le dédale ;
Et montre-nous cet art, connu de tes amis,
Qui, dans ses propres lois, embarrasse Thémis.

La Sibylle, à ces mots, déja hors d'elle-même [1],
Fait lire sa fureur sur son visage blême,
Et, pleine du démon qui la vient oppresser,
Par ces mots étonnants tâche à le repousser :

« Chantres, ne craignez plus une audace insensée.
Je vois, je vois au chœur la masse replacée :
Mais il faut des combats. Tel est l'arrêt du sort.
Et sur-tout évitez un dangereux accord. »

Là bornant son discours, encor toute écumante,
Elle souffle aux guerriers l'esprit qui la tourmente,
Et dans leurs cœurs brûlants de la soif de plaider
Verse l'amour de nuire, et la peur de céder.

---

[1] *Imit.* VIRG. Æneid. lib. VI, v. 77 et seq.

Pour tracer à loisir une longue requête,
A retourner chez soi leur brigade s'apprête.
Sous leurs pas diligents le chemin disparoît,
Et le pilier, loin d'eux, déja baisse et décroît.
 Loin du bruit cependant les chanoines à table
Immolent trente mets à leur faim indomptable.
Leur appétit fougueux, par l'objet excité,
Parcourt tous les recoins d'un monstrueux pâté;
Par le sel irritant la soif est allumée;
Lorsque d'un pied léger la prompte Renommée,
Semant par-tout l'effroi, vient au chantre éperdu
Conter l'affreux détail de l'oracle rendu.
Il se léve, enflammé de muscat et de bile,
Et prétend à son tour consulter la Sibylle.
Évrard a beau gémir du repas déserté,
Lui-même est au barreau par le nombre emporté.
Par les détours étroits d'une barrière oblique,
Ils gagnent les degrés, et le perron antique
Où sans cesse, étalant bons et méchants écrits,
Barbin vend aux passants des auteurs à tout prix [1].
 Là le chantre à grand bruit arrive et se fait place,
Dans le fatal instant que, d'une égale audace,
Le prélat et sa troupe, à pas tumultueux,
Descendoient du Palais l'escalier tortueux.

---

[1] Barbin se piquoit de savoir vendre des livres, quoique méchants. (BOIL.)

CHANT V.

L'un et l'autre rival, s'arrêtant au passage,
Se mesure des yeux, s'observe, s'envisage;
Une égale fureur anime leurs esprits :
Tels deux fougueux taureaux¹, de jalousie épris,
Auprès d'une génisse, au front large et superbe,
Oubliant tous les jours le pâturage et l'herbe,
A l'aspect l'un de l'autre embrasés, furieux,
Déja le front baissé, se menacent des yeux.
Mais Évrard, en passant coudoyé par Boirude,
Ne sait point contenir son aigre inquiétude :
Il entre chez Barbin, et, d'un bras irrité,
Saisissant du Cyrus un volume écarté,
Il lance au sacristain le tome épouvantable.
Boirude fuit le coup : le volume effroyable
Lui rase le visage, et, droit dans l'estomac,
Va frapper en sifflant l'infortuné Sidrac :
Le vieillard, accablé de l'horrible Artamène²,
Tombe aux pieds du prélat, sans pouls et sans haleine.
Sa troupe le croit mort, et chacun empressé
Se croit frappé du coup dont il le voit blessé.
Aussitôt contre Évrard vingt champions s'élancent;
Pour soutenir leur choc les chanoines s'avancent.
La Discorde triomphe, et du combat fatal
Par un cri donne en l'air l'effroyable signal.

---

1 VIRGILE, Géorg., liv. III, v. 21. (BOIL.)
2 Roman de mademoiselle de Scudéry.

Chez le libraire absent tout entre, tout se mêle :
Les livres sur Évrard fondent comme la grêle
Qui, dans un grand jardin, à coups impétueux,
Abat l'honneur naissant des rameaux fructueux.
Chacun s'arme au hasard du livre qu'il rencontre :
L'un tient le Nœud d'Amour, l'autre en saisit la Montre[1].
L'un prend le seul Jonas qu'on ait vu relié ;
L'autre un Tasse françois[2] en naissant oublié.
L'élève de Barbin, commis à la boutique,
Veut en vain s'opposer à leur fureur gothique ;
Les volumes, sans choix à la tête jetés,
Sur le perron poudreux volent de tous côtés.
Là, près d'un Guarini[3], Térence tombe à terre ;
Là Xénophon dans l'air heurte contre un La Serre.
Oh ! que d'écrits obscurs, de livres ignorés,
Furent en ce grand jour de la poudre tirés !
Vous en fûtes tirés, Almérinde et Simandre :
Et toi, rebut du peuple, inconnu Caloandre[4],

---

[1] De Bonnecorse. (BOIL.)

[2] Traduction de Le Clerc. (BOIL.) — Il ne publia que les cinq premiers chants de la JÉRUSALEM DÉLIVRÉE.

[3] Guarini est l'auteur du PASTOR FIDO. Il naquit à Ferrare en 1537.

[4] Roman italien traduit par Scudéry. (BOIL.) — L'auteur de ce roman, qui a fourni à Th. Corneille le sujet de sa tragédie de TIMOCRATE, se nommoit Jean-Ambroise Marini.

CHANT V.

Dans ton repos, dit-on, saisi par Gaillerbois [1],
Tu vis le jour alors pour la première fois.
Chaque coup sur la chair laisse une meurtrissure :
Déja plus d'un guerrier se plaint d'une blessure.
D'un Le Vayer [2] épais Giraut est renversé :
Marineau [3], d'un Brébeuf à l'épaule blessé,
En sent par tout le bras une douleur amère,
Et maudit la Pharsale aux provinces si chère.
D'un Pinchêne in-quarto Dodillon étourdi
A long-temps le teint pâle et le cœur affadi.
Au plus fort du combat, le chapelain Garagne,
Vers le sommet du front atteint d'un Charlemagne [4],
(Des vers de ce poëme effet prodigieux !)
Tout prêt à s'endormir, bâille, et ferme les yeux.

---

[1] Pierre Tardieu, sieur de Gaillerbois, avoit été chanoine de la Sainte-Chapelle ; il étoit frère du lieutenant-criminel Tardieu, fameux par son avarice et par sa fin tragique. Voyez la satire X.

[2] François de La Mothe-le-Vayer, mort en 1672, à l'âge de quatre-vingt-cinq ans, étoit père de l'abbé Le Vayer, à qui Boileau a adressé sa IV° satire. Ses œuvres ont été recueillies en trois volumes in-folio.

[3] Marineau et Dodillon avoient été chantres de la Sainte-Chapelle. Giraut et Garagne sont deux personnages supposés.

[4] Voyez les notes sur les ép. VIII et IX.

A plus d'un combattant la Clélie[1] est fatale :
Girou dix fois par elle éclate et se signale.
Mais tout cède aux efforts du chanoine Fabri.
Ce guerrier, dans l'église aux querelles nourri,
Est robuste de corps, terrible de visage,
Et de l'eau dans son vin n'a jamais su l'usage.
Il terrasse lui seul et Guibert et Grasset,
Et Gorillon la basse, et Grandin le fausset ;
Et Gerbais l'agréable, et Guérin l'insipide.
  Des chantres désormais la brigade timide
S'écarte, et du Palais regagne les chemins.
Telle, à l'aspect d'un loup, terreur des champs voisins,
Fuit d'agneaux effrayés une troupe bêlante :
Ou tels devant Achille[2], aux campagnes du Xanthe,
Les Troyens se sauvoient à l'abri de leurs tours ;
Quand Brontin à Boirude adresse ce discours :
  « Illustre porte-croix, par qui notre bannière
N'a jamais en marchant fait un pas en arrière,
Un chanoine lui seul, triomphant du prélat,
Du rochet à nos yeux ternira-t-il l'éclat ?
Non, non : pour te couvrir de sa main redoutable[3],
Accepte de mon corps l'épaisseur favorable.
Viens ; et, sous ce rempart, à ce guerrier hautain

[1] Roman de mademoiselle de Scudéry.
[2] *Imit.* Hom., Iliad., liv. XXI, v. 520 et suiv.
[3] Iliade, liv. VIII, v. 267. (Boil.)

CHANT V.

Fais voler ce Quinault qui me reste à la main. »
 A ces mots, il lui tend le doux et tendre ouvrage.
Le sacristain, bouillant de zèle et de courage,
Le prend, se cache, approche, et, droit entre les yeux,
Frappe du noble écrit l'athlète audacieux.
Mais c'est pour l'ébranler une foible tempête;
Le livre sans vigueur mollit contre sa tête.
Le chanoine les voit, de colère embrasé :
« Attendez, leur dit-il, couple lâche et rusé,
Et jugez si ma main, aux grands exploits novice,
Lance à mes ennemis un livre qui mollisse. »
 A ces mots, il saisit un vieil Infortiat[1],
Grossi des visions d'Accurse et d'Alciat[2],
Inutile ramas de gothique écriture,
Dont quatre ais mal unis formoient la couverture,
Entourée à demi d'un vieux parchemin noir,
Où pendoit à trois clous un reste de fermoir.
Sur l'ais qui le soutient auprès d'un Avicenne[3],
Deux des plus forts mortels l'ébranleroient à peine[4] :

---

[1] Livre de droit, d'une grosseur énorme. (BOIL.)

[2] Glossateurs et jurisconsultes célèbres, nés tous deux en Italie, et qui vivoient, le premier dans le douzième siècle, le second au commencement du seizième.

[3] Auteur arabe. (BOIL.) — Il a écrit sur la médecine, et ses œuvres forment un volume in-folio.

[4] *Imit.* VIRGIL. Æneid. lib. XII, v. 899.

Le chanoine pourtant l'enléve sans effort,
Et, sur le couple pâle et déja demi-mort,
Fait tomber à deux mains l'effroyable tonnerre.
Les guerriers, de ce coup, vont mesurer la terre,
Et, du bois et des clous meurtris et déchirés,
Long-temps, loin du perron, roulent sur les degrés.
　Au spectacle étonnant de leur chute imprévue,
Le prélat pousse un cri qui pénétre la nue.
Il maudit dans son cœur le démon des combats,
Et de l'horreur du coup il recule six pas.
Mais bientôt rappelant son antique prouesse,
Il tire du manteau sa dextre vengeresse;
Il part, et, de ses doigts saintement alongés,
Bénit tous les passants, en deux files rangés.
Il sait que l'ennemi, que ce coup va surprendre,
Désormais sur ses pieds ne l'oseroit attendre,
Et déja voit pour lui tout le peuple en courroux
Crier aux combattants : Profanes, à genoux!
Le chantre, qui de loin voit approcher l'orage,
Dans son cœur éperdu cherche en vain du courage :
Sa fierté l'abandonne, il tremble, il céde, il fuit.
Le long des sacrés murs sa brigade le suit :
Tout s'écarte à l'instant; mais aucun n'en réchappe;
Par-tout le doigt vainqueur les suit et les rattrape.
Évrard seul, en un coin prudemment retiré,
Se croyoit à couvert de l'insulte sacré :
Mais le prélat vers lui fait une marche adroite :

CHANT V.

Il l'observe de l'œil; et, tirant vers la droite,
Tout d'un coup tourne à gauche, et d'un bras fortuné
Bénit subitement le guerrier consterné ¹.
Le chanoine, surpris de la foudre mortelle,
Se dresse, et lève en vain une tête rebelle;
Sur ses genoux tremblants il tombe à cet aspect,
Et donne à la frayeur ce qu'il doit au respect.

Dans le temple aussitôt le prélat plein de gloire
Va goûter les doux fruits de sa sainte victoire;
Et de leur vain projet les chanoines punis
S'en retournent chez eux éperdus et bénis.

¹ Un jour que le cardinal de Retz faisoit la procession avec son clergé, M. le Prince (le grand Condé), qui étoit brouillé avec lui, vint à passer, et s'empressa de descendre de sa voiture. Le coadjuteur, qui le vit à pied, s'arrêta, tourna brusquement de son côté, affecta de lui donner une grande bénédiction, et, après la lui avoir donnée, mit le bonnet à la main, et le salua profondément. (Extrait du Bolæana.)

CHANT VI.

Tandis que tout conspire à la guerre sacrée,
La Piété sincère, aux Alpes [1] retirée,
Du fond de son désert entend les tristes cris
De ses sujets cachés dans les murs de Paris.
Elle quitte à l'instant sa retraite divine :
La Foi, d'un pas certain, devant elle chemine ;
L'Espérance au front gai l'appuie et la conduit ;
Et, la bourse à la main, la Charité la suit.
Vers Paris elle vole, et, d'une audace sainte,
Vient aux pieds de Thémis proférer cette plainte :
« Vierge, effroi des méchants, appui de mes autels,
Qui, la balance en main, règles tous les mortels,
Ne viendrai-je jamais en tes bras salutaires
Que pousser des soupirs, et pleurer mes misères ?
Ce n'est donc pas assez qu'au mépris de tes lois
L'Hypocrisie ait pris et mon nom et ma voix ;
Que, sous ce nom sacré, par-tout ses mains avares

---

[1] La Grande-Chartreuse. (BOIL.) — Située à quatre lieues de Grenoble. C'est là que saint Bruno, dans le onzième siècle, construisit un oratoire, et jeta les fondements de son ordre.

CHANT VI.

Cherchent à me ravir crossés, mitres, tiares!
Faudra-t-il voir encor cent monstres furieux
Ravager mes États usurpés à tes yeux?
Dans les temps orageux de mon naissant empire,
Au sortir du baptême on couroit au martyre:
Chacun, plein de mon nom, ne respiroit que moi:
Le fidèle, attentif aux régles de sa loi,
Fuyant des vanités la dangereuse amorce,
Aux honneurs appelé, n'y montoit que par force:
Ces cœurs, que les bourreaux ne faisoient point frémir,
A l'offre d'une mitre étoient prêts à gémir;
Et, sans peur des travaux, sur mes traces divines
Couroient chercher le ciel au travers des épines:
Mais, depuis que l'Église eut, aux yeux des mortels,
De son sang en tous lieux cimenté ses autels,
Le calme dangereux succédant aux orages,
Une lâche tiédeur s'empara des courages:
De leur zéle brûlant l'ardeur se ralentit;
Sous le joug des péchés leur foi s'appesantit:
Le moine secoua le cilice et la haire;
Le chanoine indolent apprit à ne rien faire;
Le prélat, par la brigue aux honneurs parvenu,
Ne sut plus qu'abuser d'un ample revenu,
Et pour toutes vertus fit, au dos d'un carrosse,
A côté d'une mitre armorier sa crosse.
L'Ambition par-tout chassa l'Humilité,
Dans la crasse du froc logea la Vanité:

Alors de tous les cœurs l'union fut détruite.
Dans mes cloîtres sacrés la Discorde introduite
Y bâtit de mon bien ses plus sûrs arsenaux,
Traîna tous mes sujets au pied des tribunaux.
En vain à ses fureurs j'opposai mes prières ;
L'insolente, à mes yeux, marcha sous mes bannières.
Pour comble de misère, un tas de faux docteurs
Vint flatter les péchés de discours imposteurs ;
Infectant les esprits d'exécrables maximes,
Voulut faire à Dieu même approuver tous les crimes.
Une servile peur tint lieu de charité ;
Le besoin d'aimer Dieu passa pour nouveauté ;
Et chacun à mes pieds, conservant sa malice,
N'apporta de vertu que l'aveu de son vice.

Pour éviter l'affront de ces noirs attentats,
Je vins chercher le calme au séjour des frimas,
Sur ces monts entourés d'une éternelle glace,
Où jamais au printemps les hivers n'ont fait place.
Mais, jusque dans la nuit de mes sacrés déserts,
Le bruit de mes malheurs fait retentir les airs.
Aujourd'hui même encore une voix trop fidèle
M'a d'un triste désastre apporté la nouvelle :
J'apprends que, dans ce temple où le plus saint des rois[1]
Consacra tout le fruit de ses pieux exploits,

---

[1] Saint Louis, fondateur de la Sainte-Chapelle. (BOIL.)
— Elle fut consacrée en 1248.

Et signala pour moi sa pompeuse largesse,
L'implacable Discorde et l'infame Mollesse,
Foulant aux pieds les lois, l'honneur et le devoir,
Usurpent en mon nom le souverain pouvoir.
Souffriras-tu, ma sœur, une action si noire?
Quoi! ce temple, à ta porte, élevé pour ma gloire,
Où jadis des humains j'attirois tous les vœux,
Sera de leurs combats le théâtre honteux!
Non, non, il faut enfin que ma vengeance éclate:
Assez et trop long-temps l'impunité les flatte.
Prends ton glaive, et, fondant sur ces audacieux,
Viens aux yeux des mortels justifier les cieux. »
 Ainsi parle à sa sœur cette vierge enflammée:
La grace est dans ses yeux d'un feu pur allumée.
Thémis sans différer lui promet son secours,
La flatte, la rassure, et lui tient ce discours:
 « Chère et divine sœur, dont les mains secourables
Ont tant de fois séché les pleurs des misérables,
Pourquoi toi-même, en proie à tes vives douleurs,
Cherches-tu sans raison à grossir tes malheurs?
En vain de tes sujets l'ardeur est ralentie:
D'un ciment éternel ton Église est bâtie;
Et jamais de l'enfer les noirs frémissements
N'en sauroient ébranler les fermes fondements[1].
Au milieu des combats, des troubles, des querelles,

---

[1] *Imit.* Évang. selon S. Mathieu, chap. XVI, v. 18.

Ton nom encor chéri vit au sein des fidèles.
Crois-moi : dans ce lieu même où l'on veut t'opprimer,
Le trouble qui t'étonne est facile à calmer ;
Et, pour y rappeler la paix tant desirée,
Je vais t'ouvrir, ma sœur, une route assurée.
Prête-moi donc l'oreille, et retiens tes soupirs.

Vers ce temple fameux, si cher à tes desirs,
Où le ciel fut pour toi si prodigue en miracles,
Non loin de ce palais où je rends mes oracles,
Est un vaste séjour des mortels révéré,
Et de clients soumis à toute heure entouré.
Là, sous le faix pompeux de ma pourpre honorable,
Veille au soin de ma gloire un homme incomparable [1] ;
Ariste, dont le Ciel et Louis ont fait choix
Pour régler ma balance et dispenser mes lois.
Par lui dans le barreau sur mon trône affermie,
Je vois hurler en vain la chicane ennemie :
Par lui la vérité ne craint plus l'imposteur,
Et l'orphelin n'est plus dévoré du tuteur.
Mais pourquoi vainement t'en retracer l'image ?
Tu le connois assez : Ariste est ton ouvrage.
C'est toi qui le formas dès ses plus jeunes ans :

[1] M. de Lamoignon, premier président. (BOIL.) —
— C'est de lui que Louis XIV a dit : « Si j'avois connu
« un plus homme de bien, et un plus digne sujet, je
« l'aurois choisi. »

Son mérite sans tache est un de tes présents.
Tes divines leçons, avec le lait sucées,
Allumèrent l'ardeur de ses nobles pensées.
Aussi son cœur, pour toi brûlant d'un si beau feu,
N'en fit point dans le monde un lâche désaveu;
Et son zèle hardi, toujours prêt à paroître,
N'alla point se cacher dans les ombres d'un cloître.
Va le trouver, ma sœur : à ton auguste nom,
Tout s'ouvrira d'abord en sa sainte maison.
Ton visage est connu de sa noble famille;
Tout y garde tes lois, enfants, sœur, femme, fille.
Tes yeux d'un seul regard sauront le pénétrer;
Et, pour obtenir tout, tu n'as qu'à te montrer. »
　　Là s'arrête Thémis. La Piété charmée
Sent renaître la joie en son ame calmée.
Elle court chez Ariste; et s'offrant à ses yeux:
　　« Que me sert, lui dit-elle, Ariste, qu'en tous lieux
Tu signales pour moi ton zèle et ton courage,
Si la Discorde impie à ta porte m'outrage?
Deux puissants ennemis, par elle envenimés,
Dans ces murs, autrefois si saints, si renommés,
A mes sacrés autels font un profane insulte;
Remplissent tout d'effroi, de trouble, et de tumulte.
De leur crime à leurs yeux va-t'en peindre l'horreur:
Sauve-moi, sauve-les de leur propre fureur. »
　　Elle sort à ces mots. Le héros en prière,
Demeure tout couvert de feux et de lumière.

De la céleste fille il reconnoît l'éclat,
Et mande au même instant le chantre et le prélat.
 Muse, c'est à ce coup que mon esprit timide
Dans sa course élevée a besoin qu'on le guide,
Pour chanter par quels soins, par quels nobles travaux,
Un mortel sut fléchir ces superbes rivaux.
 Mais plutôt, toi qui fis ce merveilleux ouvrage,
Ariste, c'est à toi d'en instruire notre âge.
Seul, tu peux révéler par quel art tout-puissant
Tu rendis tout-à-coup le chantre obéissant[1].
Tu sais par quel conseil rassemblant le chapitre,
Lui-même, de sa main reporta le pupitre ;
Et comment le prélat, de ses respects content,
Le fit du banc fatal enlever à l'instant.
Parle donc : c'est à toi d'éclaircir ces merveilles.
Il me suffit, pour moi, d'avoir su, par mes veilles,
Jusqu'au sixième chant pousser ma fiction,
Et fait d'un vain pupitre un second Ilion.
Finissons. Aussi-bien, quelque ardeur qui m'inspire,
Quand je songe au héros qui me reste à décrire,

---

[1] Le premier président fit comprendre au trésorier que ce pupitre n'ayant, dans l'origine, été élevé que pour la commodité du chantre, celui-ci ne pouvoit être assujetti à le conserver. Toutefois, et par forme de satisfaction, il fit consentir le chantre à laisser replacer ce pupitre devant lui, mais pour un jour seulement.

CHANT VI.

Qu'il faut parler de toi, mon esprit éperdu
Demeure sans parole, interdit, confondu.
  Ariste, c'est ainsi qu'en ce sénat illustre
Où Thémis, par tes soins reprend son premier lustre,
Quand, la première fois, un athlète nouveau
Vient combattre en champ clos aux joûtes du barreau,
Souvent, sans y penser, ton auguste présence
Troublant par trop d'éclat sa timide éloquence,
Le nouveau Cicéron, tremblant, décoloré,
Cherche en vain son discours, sur sa langue égaré :
En vain, pour gagner temps, dans ses transes affreuses,
Traîne d'un dernier mot les syllabes honteuses ;
Il hésite, il bégaie ; et le triste orateur
Demeure enfin muet aux yeux du spectateur.

FIN DU LUTRIN.

ODES,
ÉPIGRAMMES,
ET
AUTRES POÉSIES.

DISCOURS SUR L'ODE.

L'ode suivante a été composée à l'occasion de ces étranges dialogues[1] qui ont paru depuis quelque temps, où tous les plus grands écrivains de l'antiquité sont traités d'esprits médiocres, de gens à être mis en parallèle avec les Chapelains et avec les Cotins, et où, voulant faire honneur à notre siècle, on l'a en quelque sorte diffamé, en faisant voir qu'il s'y trouve des hommes capables d'écrire des choses si peu sensées. Pindare y est des plus maltraités. Comme les beautés de ce poëte sont extrêmement renfermées dans sa langue, l'auteur de ces dialogues, qui vraisemblablement ne sait point de

---

[1] PARALLÈLE des anciens et des modernes, en forme de dialogues. (BOIL.) — Ouvrage de Perrault, en quatre volumes, dont trois seulement avoient paru quand Boileau composa son ode. Le quatrième ne fut publié que trois ans après, en 1696.

grec, et qui n'a lu Pindare que dans des traductions latines défectueuses, a pris pour galimatias tout ce que la foiblesse de ses lumières ne lui permettoit pas de comprendre. Il a surtout traité de ridicules ces endroits merveilleux où le poëte, pour marquer un esprit entièrement hors de soi, rompt quelquefois de dessein formé la suite de son discours, et, afin de mieux entrer dans la raison, sort, s'il faut ainsi parler, de la raison même, évitant avec grand soin cet ordre méthodique et ces exactes liaisons de sens qui ôteroient l'ame à la poésie lyrique. Le censeur dont je parle n'a pas pris garde qu'en attaquant ces nobles hardiesses de Pindare, il donnoit lieu de croire qu'il n'a jamais conçu le sublime des psaumes de David, où, s'il est permis de parler de ces saints cantiques à propos de choses si profanes, il y a beaucoup de ces sens rompus, qui servent même quelquefois à en faire sentir la divinité. Ce critique, selon toutes les apparences, n'est pas fort convaincu du précepte que j'ai avancé dans mon Art poétique, à propos de l'ode :

Son style impétueux souvent marche au hasard :
Chez elle un beau désordre est un effet de l'art.

Ce précepte effectivement, qui donne pour règle de ne point garder quelquefois de règles, est un mystère de l'art, qu'il n'est pas aisé de faire entendre à un homme sans aucun goût, qui croit que la Clélie et nos opéras sont les modèles du genre sublime; qui trouve Térence fade, Virgile froid, Homère de mauvais sens, et qu'une espèce de bizarrerie d'esprit rend insensible à tout ce qui frappe ordinairement les hommes. Mais ce n'est pas ici le lieu de lui montrer ses erreurs. On le fera peut-être plus à propos un de ces jours dans quelque autre ouvrage [1].

Pour revenir à Pindare, il ne seroit pas difficile d'en faire sentir les beautés à des gens qui se seroient un peu familiarisé le grec; mais comme cette langue est aujourd'hui assez ignorée de la plupart des hommes, et qu'il n'est pas possible de leur faire voir Pindare dans Pindare même, j'ai cru que je ne pouvois mieux justifier ce grand poëte, qu'en tâchant de faire une ode en françois à sa manière, c'est-à-dire pleine de mouvements et de transports, où l'esprit parût plutôt

[1] Voy. tom. III, les RÉFLEX. CRITIQ. sur Longin.

entraîné du démon de la poésie, que guidé par la raison. C'est le but que je me suis proposé dans l'ode qu'on va voir. J'ai pris pour sujet la prise de Namur, comme la plus grande action de guerre qui se soit faite de nos jours, et comme la matière la plus propre à échauffer l'imagination d'un poëte. J'y ai jeté, autant que j'ai pu, la magnificence des mots; et, à l'exemple des anciens poëtes dithyrambiques, j'y ai employé les figures les plus audacieuses, jusqu'à y faire un astre de la plume blanche que le roi porte ordinairement à son chapeau, et qui est en effet comme une espéce de cométe fatale à nos ennemis, qui se jugent perdus dès qu'ils l'aperçoivent. Voilà le dessein de cet ouvrage. Je ne réponds pas d'y avoir réussi, et je ne sais si le public, accoutumé aux sages emportements de Malherbe, s'accommodera de ces saillies et de ces excès pindariques. Mais, supposé que j'y aie échoné, je m'en consolerai du moins par le commencement de cette fameuse ode latine d'Horace, *Pindarum quisquis studet œmulari*[1], etc., où Horace donne

---

[1] Lib. IV, od. 11.

assez à entendre que s'il eût voulu lui-même s'élever à la hauteur de Pindare, il se seroit cru en grand hasard de tomber.

Au reste, comme parmi les épigrammes qui sont imprimées à la suite de cette ode, on trouvera encore une autre petite ode [1] de ma façon, que je n'avois point jusqu'ici insérée dans mes écrits, je suis bien aise, pour ne me point brouiller avec les Anglois d'aujourd'hui, de faire ici ressouvenir le lecteur que les Anglois que j'attaque dans ce petit poëme, qui est un ouvrage de ma première jeunesse, ce sont les Anglois du temps de Cromwell.

J'ai joint aussi à ces épigrammes un arrêt burlesque donné au Parnasse, que j'ai composé autrefois, afin de prévenir un arrêt très sérieux, que l'université songeoit à obtenir du parlement, contre ceux qui enseigneroient dans les écoles de philosophie d'autres principes que ceux d'Aristote. La plaisanterie y descend un peu bas, et est toute dans les termes de la pratique ; mais

---

[1] Nous l'avons placée immédiatement après celle sur la prise de Namur.

il falloit qu'elle fût ainsi, pour faire son effet, qui fut très heureux, et obligea, pour ainsi dire, l'université à supprimer la requête qu'elle alloit présenter.

Ridiculum acri
Fortius ac melius magnas plerumque secat res [1].

[1] Horat. Lib. I, sat. x, v. 14.

ODE

SUR LA PRISE DE NAMUR[1].

Quelle docte et sainte ivresse
Aujourd'hui me fait la loi !
Chastes nymphes du Permesse,
N'est-ce pas vous que je voi ?
Accourez, troupe savante ;
Des sons que ma lyre enfante
Ces arbres sont réjouis.
Marquez-en bien la cadence ;
Et vous, vents, faites silence :
Je vais parler de Louis.

Dans ses chansons immortelles,
Comme un aigle audacieux,
Pindare, étendant ses ailes,
Fuit loin des vulgaires yeux.

---

[1] Cette ode fut composée en 1693, un an environ après la prise de Namur. (Voyez, au tome IV, la lettre de Boileau à Racine, du 4 juin 1693.)

Mais, ô ma fidéle lyre!
Si, dans l'ardeur qui m'inspire,
Tu peux suivre mes transports,
Les chênes des monts [1] de Thrace
N'ont rien ouï que n'efface
La douceur de tes accords.

Est-ce Apollon et Neptune,
Qui, sur ces rocs sourcilleux,
Ont, compagnons de fortune [2],
Bâti ces murs orgueilleux?
De leur enceinte fameuse
La Sambre, unie à la Meuse,
Défend le fatal abord;
Et, par cent bouches horribles,
L'airain sur ces monts terribles
Vomit le fer et la mort.

Dix mille vaillants Alcides
Les bordant de toutes parts,
D'éclairs au loin homicides
Font pétiller leurs remparts;
Et, dans son sein infidéle,

---

[1] Hémus, Rhodope, et Pangée. (BOIL.)

[2] Ils s'étoient loués à Laomédon, pour rebâtir les murs de Troie. (BOIL.)

Par-tout la terre y recéle
Un feu prêt à s'élancer,
Qui, soudain perçant son gouffre,
Ouvre un sépulcre de soufre
A quiconque ose avancer.

Namur, devant tes murailles
Jadis la Gréce eût, vingt ans,
Sans fruit vu les funérailles
De ses plus fiers combattants.
Quelle effroyable puissance
Aujourd'hui pourtant s'avance,
Prête à foudroyer tes monts!
Quel bruit, quel feu l'environne!
C'est Jupiter en personne,
Ou c'est le vainqueur de Mons [1].

N'en doutons point, c'est lui-même :
Tout brille en lui, tout est roi.
Dans Bruxelles Nassau blême [2]
Commence à trembler pour toi.
En vain il voit le Batave,

---

[1] Mons étoit tombée au pouvoir du Roi l'année précédente.

[2] Guillaume de Nassau, prince d'Orange et roi d'Angleterre.

Désormais docile esclave,
Rangé sous ses étendards :
En vain au lion belgique
Il voit l'aigle germanique
Uni sous les léopards.

Plein de la frayeur nouvelle
Dont ses sens sont agités,
A son secours il appelle
Les peuples les plus vantés :
Ceux-là viennent du rivage
Où s'enorgueillit le Tage
De l'or qui roule en ses eaux;
Ceux-ci, des champs où la neige
Des marais de la Norvége
Neuf mois couvre les roseaux.

Mais qui fait enfler la Sambre?
Sous les Jumeaux effrayés [1],
Des froids torrents de décembre
Les champs par-tout sont noyés.
Cérès s'enfuit éplorée
De voir en proie à Borée

---

[1] Le siége se fit au mois de juin, et il tomba durant ce temps-là de furieuses pluies. (BOIL.)

Ses guérets d'épis chargés ;
Et, sous les urnes fangeuses
Des Hyades orageuses,
Tous ses trésors submergés.

Déployez toutes vos rages,
Princes, vents, peuples, frimas ;
Ramassez tous vos nuages,
Rassemblez tous vos soldats :
Malgré vous, Namur en poudre
S'en va tomber sous la foudre
Qui dompta Lille, Courtrai,
Gand la superbe Espagnole,
Saint-Omer, Besançon, Dôle,
Ypres, Maëstricht et Cambrai.

Mes présages s'accomplissent :
Il commence à chanceler ;
Sous les coups qui retentissent
Ses murs s'en vont s'écrouler.
Mars en feu, qui les domine,
Souffle à grand bruit leur ruine ;
Et les bombes, dans les airs
Allant chercher le tonnerre,
Semblent, tombant sur la terre,
Vouloir s'ouvrir les enfers.

Accourez, Nassau, Bavière [1],
De ces murs l'unique espoir :
A couvert d'une rivière,
Venez, vous pouvez tout voir.
Considérez ces approches :
Voyez grimper sur ces roches
Ces athlètes belliqueux;
Et dans les eaux, dans la flamme,
Louis, à tout donnant l'ame,
Marcher, courir avec eux.

Contemplez dans la tempête
Qui sort de ces boulevards,
La plume [2], qui sur sa tête
Attire tous les regards.
A cet astre [3] redoutable
Toujours un sort favorable
S'attache dans les combats;
Et toujours avec la gloire
Mars amenant la victoire
Vole, et le suit à grands pas.

[1] Maximilien II, duc de Bavière.
[2] Le roi porte toujours à l'armée une plume blanche. (B.)
[3] Homère, Iliade XIX, v. 299, où il dit que l'aigrette d'Achille étinceloit comme un astre. (Boil.)

Grands défenseurs de l'Espagne,
Montrez-vous, il en est temps.
Courage ! vers la Méhagne [1]
Voilà vos drapeaux flottants.
Jamais ses ondes craintives
N'ont vu sur leurs foibles rives
Tant de guerriers s'amasser.
Courez donc ; qui vous retarde ?
Tout l'univers vous regarde :
N'osez-vous la traverser ?

Loin de fermer le passage
A vos nombreux bataillons,
Luxembourg a du rivage
Reculé ses pavillons.
Quoi ! leur seul aspect vous glace !
Où sont ces chefs pleins d'audace,
Jadis si prompts à marcher,
Qui devoient, de la Tamise
Et de la Drave [2] soumise,
Jusqu'à Paris nous chercher ?

Cependant l'effroi redouble
Sur les remparts de Namur :

---

[1] Rivière près de Namur. (BOIL.)
[2] Rivière qui passe à Belgrade, en Hongrie. (BOIL.)

Son gouverneur, qui se trouble,
S'enfuit sous son dernier mur.
Déja jusques à ses portes
Je vois monter nos cohortes,
La flamme et le fer en main ;
Et sur les monceaux de piques,
De corps morts, de rocs, de briques,
S'ouvrir un large chemin.

C'en est fait : je viens d'entendre
Sur ces rochers éperdus
Battre un signal pour se rendre.
Le feu cesse : ils sont rendus.
Dépouillez votre arrogance,
Fiers ennemis de la France ;
Et, désormais gracieux,
Allez à Liége, à Bruxelles,
Porter les humbles nouvelles
De Namur pris à vos yeux.

Pour moi, que Phébus anime
De ses transports les plus doux,
Rempli de ce dieu sublime,
Je vais, plus hardi que vous,
Montrer que, sur le Parnasse,
Des bois fréquentés d'Horace
Ma muse dans son déclin

Sait encor les avenues,
Et des sources inconnues
A l'auteur du Saint-Paulin[1].

[1] Poëme héroïque de M. P**. (BOIL.) — Perrault.

ODE

Sur un bruit qui courut, en 1656, que Cromwell et les
Anglois alloient faire la guerre à la France[1].

Quoi ! ce peuple aveugle en son crime,
Qui, prenant son roi pour victime,
Fit du trône un théâtre affreux,
Pense-t-il que le ciel, complice
D'un si funeste sacrifice,
N'a pour lui ni foudres ni feux ?

Déja sa flotte à pleines voiles,
Malgré les vents et les étoiles,
Veut maîtriser tout l'univers,
Et croit que l'Europe étonnée
A son audace forcenée
Va céder l'empire des mers.

Arme-toi, France ; prends la foudre :
C'est à toi de réduire en poudre

---

[1] Je n'avois que dix-huit ans quand je fis cette ode ;
mais je l'ai raccommodée. (BOIL.)

Ces sanglants ennemis des lois.
Suis la victoire qui t'appelle,
Et va sur ce peuple rebelle
Venger la querelle des rois.

Jadis on vit ces parricides,
Aidés de nos soldats perfides,
Chez nous, au comble de l'orgueil [1],
Briser tes plus fortes murailles ;
Et par le gain de vingt batailles,
Mettre tous tes peuples en deuil.

Mais bientôt le ciel en colère,
Par la main d'une humble bergère [2],
Renversant tous leurs bataillons,
Borna leurs succès et nos peines :
Et leurs corps pourris dans nos plaines,
N'ont fait qu'engraisser nos sillons.

[1] Pendant le règne de l'infortuné Charles VI.
[2] Jeanne d'Arc.

ÉPIGRAMMES.

I. A CLIMÈNE.

Tout me fait peine,
Et depuis un jour,
Je crois, Climène,
Que j'ai de l'amour.
Cette nouvelle
Vous met en courroux!...
Tout beau, cruelle;
Ce n'est pas pour vous.

II. A UNE DEMOISELLE[1].

Pensant à notre mariage,
Nous nous trompions très lourdement:
Vous me croyiez fort opulent,
Et je vous croyois sage.

[1] Cette épigramme et l'anecdote qui l'a fait naître,

III.

De six amants contents et non jaloux,
Qui tour-à-tour servoient madame Claude,
Le moins volage étoit Jean son époux :
Un jour pourtant, d'humeur un peu trop chaude,
Serroit de près sa servante aux yeux doux,
Lorsqu'un des six lui dit : Que faites-vous ?
Le jeu n'est sûr avec cette ribaude.
Ah ! voulez-vous, Jean-Jean, nous gâter tous ?

IV. SUR GILLES BOILEAU,
Frère aîné de l'auteur.

De mon frère, il est vrai, les écrits sont vantés ;
Il a cent belles qualités :
Mais il n'a point pour moi d'affection sincère.
En lui je trouve un excellent auteur,
Un poëte agréable, un très bon orateur :
Mais je n'y trouve point de frère.

sont tirées d'une lettre de Des-Forges Maillard au président Bouhier, insérée dans LES AMUSEMENTS DU COEUR ET DE L'ESPRIT, tome XI, p. 550.

ÉPIGRAMMES.

V. CONTRE SAINT-SORLIN.

Dans le palais, hier, Bilain
Vouloit gager contre Ménage
Qu'il étoit faux que Saint-Sorlin
Contre Arnauld eût fait un ouvrage.
Il en a fait, j'en sais le temps,
Dit un des plus fameux libraires.
Attendez... C'est depuis vingt ans.
On en tira cent exemplaires.
C'est beaucoup, dis-je en m'approchant,
La piéce n'est pas si publique.
Il faut compter, dit le marchand,
Tout est encor dans ma boutique.

VI. SUR L'AGÉSILAS DE P. CORNEILLE.

J'ai vu l'Agésilas,
Hélas!

VII. SUR L'ATTILA DU MÊME.

Après l'Agésilas,
Hélas!
Mais après l'Attila,
Holà!

VIII. A MONSIEUR RACINE.

Racine, plains ma destinée!
C'est demain la triste journée
Où le prophéte Desmarets,
Armé de cette même foudre
Qui mit le Port-Royal en poudre,
Va me percer de mille traits.
C'en est fait! mon heure est venue.
Non que ma muse, soutenue
De tes judicieux avis,
N'ait assez de quoi le confondre :
Mais, cher ami, pour lui répondre,
Hélas! il faut lire Clovis [1].

IX. CONTRE LINIÈRE.

Linière apporte de Senlis
Tous les mois trois couplets impies.
A quiconque en veut dans Paris
Il en présente des copies :
Mais ses couplets, tout pleins d'ennui,
Seront brûlés, même avant lui.

---

[1] Poëme de Desmarets, ennuyeux à la mort. (BOIL.)

ÉPIGRAMMES.

X. SUR UNE SATIRE TRÈS MAUVAISE,

Que l'abbé Cotin avoit faite, et qu'il faisoit courir sous mon nom.

En vain par mille et mille outrages
Mes ennemis, dans leurs ouvrages,
Ont cru me rendre affreux aux yeux de l'univers.
Cotin, pour décrier mon style,
A pris un chemin plus facile :
C'est de m'attribuer ses vers.

XI. CONTRE LE MÊME.

A quoi bon tant d'efforts, de larmes et de cris,
Cotin, pour faire ôter ton nom de mes ouvrages ?
Si tu veux du public éviter les outrages,
Fais effacer ton nom de tes propres écrits.

XII. CONTRE UN ATHÉE [1].

Alidor, assis [2] dans sa chaise,
Médisant du ciel à son aise,

---

[1] Saint-Pavin.
[2] Il étoit tellement goutteux qu'il ne pouvoit marcher. (BOIL.)

ÉPIGRAMMES.

Peut bien médire aussi de moi.
Je ris de ses discours frivoles:
On sait fort bien que ses paroles
Ne sont pas articles de foi.

XIII. VERS EN STYLE DE CHAPELAIN,
Pour mettre à la fin de son poëme de la Pucelle.

Maudit soit l'auteur dur, dont l'âpre et rude verve,
Son cerveau tenaillant, rima malgré Minerve;
Et, de son lourd marteau martelant le bon sens,
A fait de méchants vers douze fois douze cents [1] !

XIV. VERS, DE MÊME STYLE, A METTRE EN CHANT.

Droits et roides rochers, dont peu tendre est la cime,
De mon flamboyant cœur l'âpre état vous savez.
Savez aussi, durs bois, par les hivers lavés,
Qu'holocauste est mon cœur pour un front magnanime.

XV. LE DÉBITEUR RECONNOISSANT.

Je l'assistai dans l'indigence;
Il ne me rendit jamais rien.

---

[1] La Pucelle a douze livres, chacun de douze cents vers. (Boil.)

Mais, quoiqu'il me dût tout son bien,
Sans peine il souffroit ma présence :
Oh ! la rare reconnoissance !

XVI. PARODIE DE QUELQUES VERS DE CHAPELLE.

Tout grand ivrogne du Marais
Fait des vers que l'on ne lit guère,
Il les croit pourtant fort bien faits ;
Et quand il cherche à les mieux faire,
Il les fait encor plus mauvais.

XVII. A MESSIEURS PRADON ET BONNECORSE,

Qui firent en même temps paroître contre moi chacun un volume d'injures.

Venez, Pradon et Bonnecorse,
Grands écrivains de même force,
De vos vers recevoir le prix ;
Venez prendre dans mes écrits
La place que vos noms demandent.
Linière et Perrin vous attendent.

ÉPIGRAMMES.

XVIII. SUR LA FONTAINE DE BOURBON,

Où l'auteur étoit allé prendre les eaux, et où il trouva un poëte médiocre, qui lui montra des vers de sa façon. Il s'adresse à la fontaine.

Oui, vous pouvez chasser l'humeur apoplectique,
Rendre le mouvement au corps paralytique,
Et guérir tous les maux les plus invétérés :
Mais quand je lis ces vers par votre onde inspirés,
 Il me paroît, admirable Fontaine,
 Que vous n'eûtes jamais la vertu d'Hippocrène.

XIX. SUR LA MANIÈRE DE RÉCITER DU POËTE S*** [1].

Quand j'aperçois sous ce portique
Ce moine au regard fanatique,
Lisant ses vers audacieux,
Faits pour les habitants des cieux [2],
Ouvrir une bouche effroyable,
S'agiter, se tordre les mains,
Il me semble en lui voir le diable
Que Dieu force à louer les saints.

---

[1] Santeuil.
[2] Il a fait des hymnes latines à la louange des saints.

(BOIL.)

XX. IMITÉE DE CELLE DE MARTIAL,

Qui commence par *Nuper erat medicus*, etc. [1].

Paul ce grand médecin, l'effroi de son quartier,
Qui causa plus de maux que la peste et la guerre,
Est curé maintenant, et met les gens en terre :
    Il n'a point changé de métier.

XXI. A MONSIEUR P*** [2].

Sur les livres qu'il a faits contre les anciens.

Pour quelque vain discours sottement avancé
Contre Homère, Platon, Cicéron ou Virgile,
Caligula par-tout fut traité d'insensé,
Néron de furieux, Adrien d'imbécile.
    Vous donc qui, dans la même erreur,
Avec plus d'ignorance et non moins de fureur,
Attaquez ces héros de la Grèce et de Rome,
    P***, fussiez-vous empereur,
Comment voulez-vous qu'on vous nomme ?

XXII. SUR LE MÊME SUJET.

D'où vient que Cicéron, Platon, Virgile, Homère,

---

[1] Lib. I, epig. XLVIII. — [2] Perrault.

ÉPIGRAMMES.

Et tous ces grands auteurs que l'univers révère,
Traduits dans vos écrits nous paroissent si sots?
P***, c'est qu'en prêtant à ces esprits sublimes
Vos façons de parler, vos bassesses, vos rimes,
    Vous les faites tous des P***.

XXIII. A M. P***.

Le bruit court que Bacchus, Junon, Jupiter, Mars,
    Apollon, le dieu des beaux arts,
Les Ris mêmes, les Jeux, les Graces et leur mère,
    Et tous les dieux enfants d'Homère,
    Résolus de venger leur père,
Jettent déja sur vous de dangereux regards.
P***, craignez enfin quelque triste aventure:
Comment soutiendrez-vous un choc si violent?
    Il est vrai, Visé[1] vous assure
    Que vous avez pour vous Mercure;
    Mais c'est le Mercure galant.

XXIV. AU MÊME.

    Ton oncle, dis-tu, l'assassin
    M'a guéri d'une maladie:
La preuve qu'il ne fut jamais mon médecin,
    C'est que je suis encore en vie.

[1] Auteur du MERCURE GALANT.

XXV. A UN MÉDECIN.

Oui, j'ai dit dans mes vers[1] qu'un célèbre assassin,
Laissant de Galien la science infertile,
D'ignorant médecin devint maçon habile :
Mais de parler de vous je n'eus jamais dessein,
    Lubin ; ma muse est trop correcte.
Vous êtes, je l'avoue, ignorant médecin,
    Mais non pas habile architecte.

XXVI. Sur ce qu'on avoit lu à l'académie des vers contre Homère et Virgile.

Clio vint l'autre jour se plaindre au dieu des vers
    Qu'en certain lieu de l'univers
On traitoit d'auteurs froids, de poëtes stériles,
    Les Homères et les Virgiles.
Cela ne sauroit être, on s'est moqué de vous,
    Reprit Apollon en courroux :
Où peut-on avoir dit une telle infamie ?
Est-ce chez les Hurons, chez les Topinambous ? —
C'est à Paris. — C'est donc dans l'hôpital des fous ? —
    Non ; c'est au Louvre, en pleine académie.

---

[1] V. le commencement du chant IV de l'ART POÉTIQUE.

ÉPIGRAMMES.

XXVII. MÊME SUJET.

J'ai traité de Topinambous
Tous ces beaux censeurs, je l'avoue,
Qui, de l'antiquité si follement jaloux,
Aiment tout ce qu'on hait, blâment tout ce qu'on loue ;
Et l'Académie, entre nous,
Souffrant chez soi de si grands fous,
Me semble un peu Topinamboue.

XXVIII. MÊME SUJET.

Ne blâmez pas Perrault de condamner Homère,
Virgile, Aristote, Platon :
Il a pour lui monsieur son frère,
G.... N.... Lavau, Caligula, Néron,
Et le gros Charpentier, dit-on.

XXIX. PARODIE BURLESQUE DE LA Ire ODE DE PINDARE,
A la louange de M. P*** [1].

Malgré son fatras obscur,
Souvent Brébeuf étincelle :

---

[1] J'avois résolu de parodier l'ode ; mais dans ce temps-là

Un vers noble, quoique dur,
Peut s'offrir dans la Pucelle.
Mais, ô ma lyre fidéle,
Si du parfait ennuyeux
Tu veux trouver le modéle,
Ne cherche point dans les cieux
D'astre au soleil préférable ;
Ni dans la foule innombrable
De tant d'écrivains divers
Chez Coignard rongés des vers,
Un poëte comparable
A l'auteur inimitable [1]
De Peau-d'Ane mis en vers.

XXX. SUR LA RÉCONCILIATION
De l'auteur et de Perrault.

Tout le trouble poétique
A Paris s'en va cesser ;
Perrault, l'antipindarique,
Et Despréaux l'homérique,
Consentent de s'embrasser.

nous nous raccommodâmes M. P*** et moi. Ainsi il n'y eut que ce couplet de fait. (BOIL.)

[1] M. P***, dans ce temps-là, avoit rimé le conte de Peau-d'Ane. (BOIL.)

Quelque aigreur qui les anime,
Quand, malgré l'emportement,
Comme eux l'un l'autre on s'estime,
L'accord se fait aisément.
Mon embarras est comment
On pourra finir la guerre
De Pradon et du parterre.

XXXI. CONTRE BOYER ET LA CHAPELLE.

J'approuve que chez vous, messieurs, on examine
Qui du pompeux Corneille ou du tendre Racine
Excita dans Paris plus d'applaudissements :
    Mais je voudrois qu'on cherchât tout d'un temps
      (La question n'est pas moins belle),
Qui du fade Boyer ou du sec La Chapelle
    Excita plus de sifflements.

XXXII. SUR UNE HARANGUE D'UN MAGISTRAT,

Dans laquelle les procureurs étoient fort maltraités.

Lorsque, dans ce sénat à qui tout rend hommage,
    Vous haranguez en vieux langage,
    Paul, j'aime à vous voir, en fureur,
    Gronder maint et maint procureur ;
    Car leurs chicanes sans pareilles
    Méritent bien ce traitement :

Mais que vous ont fait nos oreilles
Pour les traiter si rudement?

XXXIII. ÉPITAPHE.

Ci gît, justement regretté,
Un savant homme sans science,
Un gentilhomme sans naissance,
Un très bon homme sans bonté.

XXXIV. SUR UN PORTRAIT DE L'AUTEUR [1].

Ne cherchez point comment s'appelle
L'écrivain peint dans ce tableau :
A l'air dont il regarde et montre la Pucelle,
Qui ne reconnoîtroit Boileau?

XXXV. Pour mettre au bas d'une méchante gravure qu'on a faite de moi.

Du poëte Boileau tu vois ici l'image.
Quoi ! c'est là, diras-tu, ce critique achevé !
D'où vient le noir chagrin qu'on lit sur son visage?
C'est de se voir si mal gravé.

[1] Peint par Santerre.

XXXVI. AUX RÉVÉRENDS PÈRES DE *** [1],
Qui m'avoient attaqué dans leurs écrits.

Mes révérends Pères en Dieu,
Et mes confrères en satire,
Dans vos écrits, en plus d'un lieu,
Je vois qu'à mes dépens vous affectez de rire :
Mais ne craignez-vous point que, pour rire de vous,
Relisant Juvénal, refeuilletant Horace,
Je ne ranime encor ma satirique audace ?
Grands Aristarques de Trévoux,
N'allez point de nouveau faire courir aux armes
Un athlète tout prêt à prendre son congé,
Qui par vos traits malins au combat rengagé,
Peut encore aux rieurs faire verser des larmes.
Apprenez un mot de Regnier,
Notre célèbre devancier :
« Corsaires attaquant corsaires,
Ne font pas, dit-il, leurs affaires [2]. »

XXXVII. AUX MÊMES,
Sur mon épître de l'Amour de Dieu.

Non, pour montrer que Dieu veut être aimé de nous,

---
[1] Trévoux. — [2] Vers de Regnier. (BOIL.)

Je n'ai rien emprunté de Perse ni d'Horace,
Et je n'ai point suivi Juvénal à la trace :
Car, bien qu'en leurs écrits ces auteurs, mieux que vous,
Attaquent les erreurs dont nos ames sont ivres,
    La nécessité d'aimer Dieu
Ne s'y trouve jamais prêchée en aucun lieu,
    Mes Pères, non plus qu'en vos livres.

XXXVIII. AUX MÊMES,

Sur le livre des Flagellants, composé par mon frère le docteur de Sorbonne.

    Non, le livre des Flagellants
N'a jamais condamné, lisez-le bien, mes Pères,
    Ces rigidités salutaires
Que, pour ravir le ciel, saintement violents,
Exercent sur leurs corps tant de chrétiens austères.
Il blâme seulement cet abus odieux
    D'étaler et d'offrir aux yeux
Ce que leur doit toujours cacher la bienséance;
Et combat vivement la fausse piété,
Qui, sous couleur d'éteindre en nous la volupté,
Par l'austérité même et par la pénitence
Sait allumer le feu de la lubricité.

XXXIX. L'AMATEUR D'HORLOGES.

Sans cesse autour de six pendules,
De deux montres, de trois cadrans,
Lubin, depuis trente et quatre ans,
Occupe ses soins ridicules :
Mais à ce métier, s'il vous plaît,
A-t-il acquis quelque science ?
Sans doute ; et c'est l'homme de France
Qui sait le mieux l'heure qu'il est.

XL [1].

Qui ne hait pas tes vers, ridicule Mauroy,
Pourroit bien pour sa peine aimer ceux de Fourcroi [2].

---

[1] Rapportée par Brossette, dans ses notes sur la sat. III.
[2] *Imit.* VIRG., ecl. III, v. 90.

POÉSIES DIVERSES.

I. CHANSON A BOIRE,

Que je fis au sortir de mon cours de philosophie, à l'âge de dix-sept ans.

Philosophes rêveurs, qui pensez tout savoir,
Ennemis de Bacchus, rentrez dans le devoir :
 Vos esprits s'en font trop accroire.
 Allez, vieux fous, allez apprendre à boire.
 On est savant quand on boit bien :
 Qui ne sait boire ne sait rien.

S'il faut rire ou chanter au milieu d'un festin,
Un docteur est alors au bout de son latin :
 Un goinfre en a toute la gloire.
 Allez, vieux fous, etc....

II. AUTRE.

Soupirez jour et nuit sans manger et sans boire,
 Ne songez qu'à souffrir ;

Aimez, aimez vos maux, et mettez votre gloire
        A n'en jamais guérir.
        Cependant nous rirons
        Avecque la bouteille,
          Et dessous la treille
        Nous la chérirons.
Si, sans vous soulager, une aimable cruelle
        Vous retient en prison,
Allez aux durs rochers, aussi sensibles qu'elle,
        En demander raison.
        Cependant nous rirons, etc....

III. VERS A METTRE EN CHANT.

Voici les lieux charmants où mon ame ravie
        Passoit à contempler Sylvie
Ces tranquilles moments si doucement perdus.
Que je l'aimois alors, que je la trouvois belle !
Mon cœur, vous soupirez au nom de l'infidèle :
Avez-vous oublié que vous ne l'aimez plus ?

C'est ici que souvent errant dans les prairies,
        Ma main des fleurs les plus chéries
Lui faisoit des présents si tendrement reçus.
Que je l'aimois alors ! etc....

DIVERSES.

IV. CHANSON A BOIRE,
Faite à Bâville, où étoit le Père Bourdaloue [1].

Que Bâville me semble aimable,
Quand des magistrats le plus grand
Permet que Bacchus à sa table
Soit notre premier président !

Trois muses, en habit de ville [2],
Y président à ses côtés :
Et ses arrêts par Arbouville [3]
Sont à plein verre exécutés.

Si Bourdaloue un peu sévère
Nous dit : Craignez la volupté !
Escobar, lui dit-on, mon Père,
Nous la permet pour la santé.

Contre ce docteur authentique

---

[1] Voyez la lettre à Brossette, du 15 juillet 1702.

[2] Boileau avoit mis d'abord :

    Chalucet, Hélyot, La Ville.

C'est ainsi que se nommoient ces trois muses.

[3] Gentilhomme, parent de monsieur le premier Président. (BOIL.)

Si du jeûne il prend l'intérêt,
Bacchus le déclare hérétique,
Et janséniste, qui pis est.

V. SONNET SUR UNE DE MES PARENTES,

Qui mourut toute jeune entre les mains d'un charlatan [1].

Nourri dès le berceau près de la jeune Orante,
Et non moins par le cœur que par le sang lié,
A ses jeux innocents enfant associé,
Je goûtois les douceurs d'une amitié charmante :

Quand un faux Esculape, à cervelle ignorante,
A la fin d'un long mal vainement pallié,
Rompant de ses beaux jours le fil trop délié,
Pour jamais me ravit mon aimable parente.

Oh ! qu'un si rude coup me fit verser de pleurs !
Bientôt, la plume en main, signalant mes douleurs,
Je demandai raison d'un acte si perfide.

Oui, j'en fis dès quinze ans ma plainte à l'univers ;
Et l'ardeur de venger ce barbare homicide
Fut le premier démon qui m'inspira des vers.

[1] V. la lettre à Brossette, du 15 juillet 1702.

VI. MÊME SUJET.

Parmi les doux transports d'une amitié fidéle,
Je voyois près d'Iris couler mes heureux jours ;
Iris que j'aime encore, et que j'aimai toujours,
Brûloit des mêmes feux dont je brûlois pour elle :

Quand, par l'ordre du ciel, une fièvre cruelle
M'enleva cet objet de mes tendres amours ;
Et, de tous mes plaisirs interrompant le cours,
Me laissa de regrets une suite éternelle.

Ah ! qu'un si rude coup étonna mes esprits !
Que je versai de pleurs ! que je poussai de cris !
De combien de douleurs ma douleur fut suivie !

Iris, tu fus alors moins à plaindre que moi :
Et, bien qu'un triste sort t'ait fait perdre la vie,
Hélas ! en te perdant j'ai perdu plus que toi.

VII. STANCES A M. MOLIÈRE,

Sur sa comédie de L'ÉCOLE DES FEMMES [1], que plusieurs gens frondoient.

En vain mille jaloux esprits,
Molière, osent avec mépris
Censurer ton plus bel ouvrage :
Sa charmante naïveté
S'en va pour jamais, d'âge en âge,
Divertir la postérité.

Que tu ris agréablement !
Que tu badines savamment !
Celui qui sut vaincre Numance [2],
Qui mit Carthage sous sa loi,
Jadis, sous le nom de Térence,
Sut-il mieux badiner que toi ?

Ta muse avec utilité
Dit plaisamment la vérité.
Chacun profite à ton école :
Tout en est beau, tout en est bon ;

---

[1] Cette pièce fut représentée, pour la première fois, vers la fin de 1662.

[2] Scipion. (BOIL.)

Et ta plus burlesque parole
Vaut souvent un docte sermon.

Laisse gronder tes envieux :
Ils ont beau crier en tous lieux
Qu'en vain tu charmes le vulgaire ;
Que tes vers n'ont rien de plaisant :
Si tu savois un peu moins plaire,
Tu ne leur déplairois pas tant.

VIII. ÉPITAPHE DE LA MÈRE DE L'AUTEUR [1].

Épouse d'un mari doux, simple, officieux,
Par la même douceur je sus [2] plaire à ses yeux :
Nous ne sûmes jamais ni railler ni médire.
Passant, ne t'enquiers point si de cette bonté
    Tous mes enfants ont hérité ;
Lis seulement ces vers, et garde-toi d'écrire.

[1] Anne Denielle mourut en 1637, à l'âge de vingt-trois ans.
[2] C'est elle qui parle. (BOIL.)

IX.

Vers pour mettre au bas du portrait de mon père [1], greffier de la grand'chambre du parlement de Paris.

> Ce greffier doux et pacifique
> De ses enfants au sang critique
> N'eut point le talent redouté;
> Mais, fameux par sa probité,
> Reste de l'or du siècle antique,
> Sa conduite, dans le palais
> Par-tout pour exemple citée,
> Mieux que leur plume si vantée,
> Fit la satire des Rolets.

X. SUR MON PORTRAIT.

Monsieur Le Verrier, mon illustre ami, ayant fait graver mon portrait par Drevet, célèbre graveur, fit mettre au bas de ce portrait quatre vers, où l'on me fait ainsi parler :

> Au joug de la raison asservissant la rime,
> Et, même en imitant, toujours original,

---

[1] Il mourut en 1657, âgé de soixante-treize ans.

DIVERSES. 175

J'ai su dans mes écrits, docte, enjoué, sublime [1],
Rassembler en moi Perse, Horace, et Juvénal.

A quoi j'ai répondu par ces vers :

Oui, Le Verrier, c'est là mon fidèle portrait ;
  Et le graveur, en chaque trait,
A su très finement tracer sur mon visage
De tout faux bel-esprit l'ennemi redouté :
Mais dans les vers pompeux qu'au bas de cet ouvrage
Tu me fais prononcer avec tant de fierté,
  D'un ami de la vérité
  Qui peut reconnoître l'image ?

XI.

Sur le buste de marbre qu'a fait de moi M. Girardon [2],
premier sculpteur du Roi.

  Grace au Phidias de notre âge,
Me voilà sûr de vivre autant que l'univers ;
Et ne connût-on plus ni mon nom ni mes vers,

---

1 V. la lettre à Brossette, du 6 mars 1705.

2 François Girardon, sculpteur célèbre, né à Troyes en 1628, mort à Paris le 1ᵉʳ septembre 1715, le même jour que Louis XIV.

Dans ce marbre fameux taillé sur mon visage,
De Girardon toujours on vantera l'ouvrage.

XII.

Vers pour mettre au bas du portrait de Tavernier, le célèbre voyageur [1].

De Paris à Dehli [2], du couchant à l'aurore,
Ce fameux voyageur courut plus d'une fois :
De l'Inde et de l'Hydaspe [3] il fréquenta les rois ;
Et sur les bords du Gange on le révère encore.
En tous lieux sa vertu fut son plus sûr appui ;
Et, bien qu'en nos climats de retour aujourd'hui
    En foule à nos yeux il présente
Les plus rares trésors que le soleil enfante [4],
Il n'a rien apporté de si rare que lui.

[1] Né à Paris en 1605, il mourut à Moscou dans sa quatre-vingt-quatrième année. Il entreprenoit alors, pour la septième fois, le voyage des Indes.

[2] Ville du royaume des Indes. (BOIL.)

[3] Fleuves du même pays. (BOIL.)

[4] Il étoit revenu des Indes avec près de trois millions en pierreries. (BOIL.)

XIII.

Vers faits pour mettre au bas d'un portrait de monseigneur le duc du Maine, alors encore enfant, et dont on avoit imprimé un petit volume de lettres, au-devant desquelles ce prince étoit peint en Apollon, avec une couronne sur la tête.

Quel est cet Apollon nouveau,
Qui, presque au sortir du berceau,
Vient régner sur notre Parnasse?
Qu'il est brillant! qu'il a de grace!
Du plus grand des héros je reconnois le fils:
Il est déja tout plein de l'esprit de son père;
Et le feu des yeux de sa mère
A passé jusqu'en ses écrits.

XIV.

Autres pour mettre sous le buste du Roi, fait par M. Girardon, l'année [1] que les Allemands prirent Belgrade.

C'est ce roi si fameux dans la paix, dans la guerre,
Qui seul fait à son gré le destin de la terre.
Tout reconnoît ses lois, ou brigue son appui.

[1] (1688.)

De ses nombreux combats le Rhin frémit encore;
Et l'Europe en cent lieux a vu fuir devant lui
Tous ces héros si fiers, que l'on voit aujourd'hui
Faire fuir l'Ottoman au-delà du Bosphore.

XV.

Autres pour mettre au bas du portrait de mademoiselle de Lamoignon.

Aux sublimes vertus nourrie en sa famille,
 Cette admirable et sainte fille
En tous lieux signala son humble piété;
Jusqu'aux climats [1] où naît et finit la clarté,
Fit ressentir l'effet de ses soins secourables;
Et, jour et nuit pour Dieu pleine d'activité,
Consuma son repos, ses biens et sa santé,
A soulager les maux de tous les misérables.

[1] Mademoiselle de Lamoignon, sœur de M. le premier Président, faisoit tenir de l'argent à beaucoup de missionnaires, jusque dans les Indes orientales et occidentales. (BOIL.)

XVI.

Autres pour mettre au bas du portrait de M. Hamon [1], médecin.

Tout brillant de savoir, d'esprit et d'éloquence,
Il courut au désert chercher l'obscurité;
Aux pauvres consacra ses biens et sa science;
Et, trente ans dans le jeûne et dans l'austérité,
  Fit son unique volupté
  Des travaux de la pénitence.

XVII.

Autres pour mettre au bas du portrait de M. Racine.

Du théâtre françois l'honneur et la merveille,
Il sut ressusciter Sophocle en ses écrits;
Et, dans l'art d'enchanter les cœurs et les esprits,
Surpasser Euripide, et balancer Corneille.

---

[1] Il mourut à Port-Royal, en 1687, âgé de soixante-neuf ans.

XVIII.

Autres pour mettre sous le portrait de M. de La Bruyère, au-devant de son livre des Caractères du temps.

Tout esprit orgueilleux qui s'aime
Par mes leçons [1] se voit guéri,
Et dans mon livre si chéri
Apprend à se haïr soi-même.

XIX. ÉPITAPHE D'ARNAULD [2].

Au pied de cet autel de structure grossière,
Gît sans pompe, enfermé dans une vile bière,
Le plus savant mortel qui jamais ait écrit;
Arnauld, qui, sur la grace instruit par Jésus-Christ,
Combattant pour l'Église, a, dans l'Église même,
Souffert plus d'un outrage et plus d'un anathème.
Plein du feu qu'en son cœur souffla l'Esprit divin,
Il terrassa Pélage, il foudroya Calvin;
De tous les faux docteurs confondit la morale;
Mais, pour fruit de son zéle, on l'a vu rebuté,
En cent lieux opprimé par leur noire cabale,

---

[1] C'est lui qui parle. (Boil.)
[2] Mort à La Haye, le 8 août 1694, et enterré à Bruxelles. Son cœur fut apporté à Port-Royal, à la fin de 1694.

Errant, pauvre, banni, proscrit, persécuté;
Et même par sa mort leur fureur mal éteinte
N'auroit jamais laissé ses cendres en repos,
Si Dieu lui-même ici de son ouaille sainte
A ces loups dévorants n'avoit caché les os.

XX. A MADAME LA PRÉSIDENTE *** [1],
Sur le portrait du P. Bourdaloue, qu'elle m'avoit envoyé.

Du plus grand orateur dont la chaire se vante
M'envoyer le portrait, illustre présidente,
C'est me faire un présent qui vaut mille présents.
J'ai connu Bourdaloue; et dès mes jeunes ans
Je fis de ses sermons mes plus chères délices.
Mais lui, de son côté, lisant mes vains caprices,
Des censeurs de T*** [2] n'eut point pour moi les yeux.
Ma franchise sur-tout gagna sa bienveillance.
Enfin, après Arnauld, ce fut l'illustre en France
Que j'admirai le plus et qui m'aima le mieux.

1 Madame de Lamoignon.
2 Trévoux.

XXI. ÉNIGME.

Du repos des humains implacable ennemie [1],
J'ai rendu mille amants envieux de mon sort.
Je me repais de sang, et je trouve ma vie
Dans les bras de celui qui recherche ma mort.

XXII.

Quatrain sur un portrait de Rossinante, cheval de don Quichotte.

Tel fut ce roi des bons chevaux,
Rossinante, la fleur des coursiers d'Ibérie,
Qui, trottant jour et nuit et par monts et par vaux,
Galopa, dit l'histoire, une fois en sa vie.

XXIII.

Vers pour mettre au bas de LA MACARISE de l'abbé d'Aubignac, roman allégorique, où l'on expliquoit toute la morale des stoïciens.

Lâches partisans d'Épicure,
Qui, brûlant d'une flamme impure,

---

[1] Une puce. (BOIL.)

Du portique fameux[1] fuyez l'austérité,
Souffrez qu'enfin la raison vous éclaire.
Ce roman plein de vérité,
Dans la vertu la plus sévère
Vous peut faire aujourd'hui trouver la volupté.

XXIV. LE BUCHERON ET LA MORT.

Fable d'Esope.

Le dos chargé de bois, et le corps tout en eau,
Un pauvre bûcheron, dans l'extrême vieillesse,
Marchoit en haletant de peine et de détresse.
Enfin, las de souffrir, jetant là son fardeau,
Plutôt que de s'en voir accablé de nouveau,
Il souhaite la Mort, et cent fois il l'appelle.
La Mort vint à la fin : Que veux-tu? cria-t-elle.
Qui? moi! dit-il alors prompt à se corriger:
Que tu m'aides à me charger.

[1] L'école de Zénon. (BOIL.)

XXV.

Impromptu sur la prise de Mons. A Madame *** [1].

Mons étoit, disoit-on, pucelle
Qu'un roi gardoit avec le plus grand soin;
   Louis le grand en eut besoin,
Mons se rendit: vous auriez fait comme elle.

XXVI. SUR HOMÈRE.

Ἡειδον μὲν ἐγὼν· ἐχάρασσε δὲ θεῖος Ὅμηρος. [2]

Cantabam quidem ego: scribebat autem dîus Homerus.

Quand la dernière fois, dans le sacré vallon,
La troupe des neuf sœurs, par l'ordre d'Apollon,
   Lut l'Iliade et l'Odyssée;
Chacune à le louer se montrant empressée:
Apprenez un secret qu'ignore l'univers,
   Leur dit alors le dieu des vers;
Jadis avec Homère, aux rives du Permesse,

---

[1] Attribué à Boileau, dans le MENAGIANA, édition de La Monnoye.

[2] Vers grec de L'ANTHOLOGIE. (BOIL.) — Voyez la lettre de Boileau à Brossette, du 2 août 1703.

Dans ce bois de lauriers où seul il me suivoit,
Je les fis toutes deux, plein d'une douce ivresse.
Je chantois : Homère écrivoit.

XXVII. SUR LES TUILERIES.

Agréables jardins, où les Zéphyrs et Flore
Se trouvent tous les jours au lever de l'Aurore ;
Lieux charmants qui pouvez, dans vos sombres réduits,
Des plus tristes amants adoucir les ennuis,
Cessez de rappeler, dans mon ame insensée,
De mon premier bonheur la gloire enfin passée.
Ce fut, je m'en souviens, dans cet antique bois
Que Philis m'apparut pour la première fois.
C'est ici que souvent, dissipant mes alarmes,
Elle arrêtoit d'un mot mes soupirs et mes larmes ;
Et que me regardant d'un œil si gracieux,
Elle m'offroit le ciel ouvert dans ses beaux yeux.
Aujourd'hui cependant, injustes que vous êtes,
Je sais qu'à mes rivaux vous prêtez vos retraites,
Et qu'avec elle assis sur vos tapis de fleurs,
Ils triomphent, contents de mes vaines douleurs.
Allez, jardins dressés par une main fatale,
Tristes enfants de l'art du malheureux Dédale,
Vos bois, jadis pour moi si charmants et si beaux,
Ne sont plus qu'un désert, refuge des corbeaux,

Qu'un séjour infernal, où cent mille vipères,
Tous les jours, en naissant, assassinent leurs mères.

FRAGMENT

D'UN PROLOGUE D'OPÉRA.

Madame de M*** [1] et madame de T*** [2] sa sœur, lasses des opéras de Quinault, proposèrent au roi d'en faire faire un par M. Racine, qui s'engagea assez légèrement à leur donner cette satisfaction, ne songeant pas dans ce moment-là à une chose dont il étoit plusieurs fois convenu avec moi; qu'on ne peut jamais faire un bon opéra, parceque la musique ne sauroit narrer, que les passions n'y peuvent être peintes dans toute l'étendue qu'elles demandent; que d'ailleurs elle ne sauroit souvent mettre en chant les expressions vraiment sublimes et courageuses. C'est ce que je lui représentai, quand il me déclara son engagement, et il m'avoua que j'avois raison; mais il étoit trop avancé pour reculer. Il commença dès-lors un opéra dont

[1] Montespan. — [2] Thianges.

le sujet étoit la chute de Phaéton. Il en fit même quelques vers qu'il récita au roi, qui en parut content ; mais comme M. Racine n'entreprenoit cet ouvrage qu'à regret, il me témoigna résolûment qu'il ne l'achèveroit point que je n'y travaillasse avec lui, et me déclara avant tout qu'il falloit que j'en composasse le prologue. J'eus beau lui représenter mon peu de talent en ces sortes d'ouvrages, et que je n'avois jamais fait de vers d'amourettes ; il persista dans sa résolution, et me dit qu'il me le feroit ordonner par le roi. Je songeai donc en moi-même à voir de quoi je serois capable, en cas que je fusse absolument obligé de travailler à un ouvrage si opposé à mon génie et à mon inclination. Ainsi, pour m'essayer, je traçai, sans en rien dire à personne, non pas même à M. Racine, le canevas d'un prologue, et j'en composai une première scène. Le sujet de cette scène étoit une dispute de la Poésie et de la Musique, qui se querelloient sur l'excellence de leur art, et étoient enfin toutes prêtes à se séparer, lorsque tout-à-coup la déesse des accords, je veux dire l'Harmonie, descendoit du ciel avec tous ses charmes et tous ses agréments, et les réconcilioit. Elle devoit dire ensuite la raison qui la faisoit venir sur la terre, qui n'étoit autre que de divertir le prince de l'univers le plus digne d'être servi, et à qui elle devoit le plus, puisque c'étoit lui qui la maintenoit dans la France, où elle régnoit en toutes choses. Elle ajoutoit ensuite que pour empêcher que quelque audacieux ne vînt troubler, en s'élevant contre un si grand prince, la gloire dont elle jouissoit avec lui, elle vouloit que dès aujourd'hui même, sans perdre de temps, on représentât sur la scène la chute de l'ambitieux Phaéton. Aussitôt tous les poëtes et tous les musiciens, par son ordre, se retiroient et s'alloient habiller. Voilà le sujet de mon prologue, auquel je travaillai trois ou quatre jours avec un assez grand dégoût, tandis que M. Racine de son côté, avec non moins de dégoût, continuoit à disposer le plan de son opéra, sur lequel je lui prodiguois mes conseils. Nous étions occupés à ce misérable travail, dont je ne sais si nous nous serions bien tirés, lorsque tout-à-coup un heureux incident nous tira d'affaire. L'incident fut que M. Quinault s'étant présenté au roi les larmes aux yeux, et lui ayant remontré l'affront qu'il alloit recevoir, s'il ne travailloit plus au divertissement de sa majesté, le roi, touché de compassion, déclara franchement aux dames dont j'ai parlé qu'il ne pouvoit se résoudre à lui donner ce déplaisir : Sic nos servavit Apollo. Nous retournâmes donc, M. Racine et moi, à notre premier emploi, et il ne fut plus mention de notre opéra, dont il ne resta que quelques vers de M. Racine, qu'on n'a point trouvés dans ses papiers après sa mort, et que vraisemblablement il avoit supprimés par délicatesse de conscience, à cause qu'il y étoit parlé d'amour. Pour moi, comme il n'étoit point question d'amourette dans la scène que j'avois composée, non seulement je n'ai pas jugé à propos de la supprimer, mais je la donne ici au public; persuadé qu'elle fera plaisir aux lecteurs, qui ne seront peut-être pas fâchés de voir de quelle manière je m'y étois pris pour adoucir l'amertume et la force de ma poésie satirique, et pour me jeter dans le style doucereux. C'est de quoi ils pourront juger par le fragment que je leur présente ici, et que je leur présente avec d'autant plus de confiance, qu'étant fort court, s'il ne les divertit, il ne leur laissera pas du moins le temps de s'ennuyer.

PROLOGUE.

LA POÉSIE, LA MUSIQUE.

LA POÉSIE.
Quoi! par de vains accords et des sons impuissants,
Vous croyez exprimer tout ce que je sais dire?
LA MUSIQUE.
Aux doux transports qu'Apollon vous inspire
Je crois pouvoir mêler la douceur de mes chants.
LA POÉSIE.
Oui, vous pouvez au bord d'une fontaine
Avec moi soupirer une amoureuse peine,
Faire gémir Thyrsis, faire plaindre Climène.
Mais, quand je fais parler les héros et les dieux,
Vos chants audacieux
Ne me sauroient prêter qu'une cadence vaine :
Quittez ce soin ambitieux.
LA MUSIQUE.
Je sais l'art d'embellir vos plus rares merveilles.
LA POÉSIE.
On ne veut plus alors entendre votre voix.

PROLOGUE.

LA MUSIQUE.

Pour entendre mes sons, les rochers et les bois
Ont jadis trouvé des oreilles.

LA POÉSIE.

Ah ! c'en est trop, ma sœur, il faut nous séparer.
Je vais me retirer :
Nous allons voir sans moi ce que vous saurez faire.

LA MUSIQUE.

Je saurai divertir et plaire ;
Et mes chants moins forcés n'en seront que plus doux.

LA POÉSIE.

Eh bien, ma sœur, séparons-nous.

LA MUSIQUE.

Séparons-nous.

LA POÉSIE.

Séparons-nous.

CHOEUR DES POÈTES ET DES MUSICIENS.

Séparons-nous, séparons-nous.

LA POÉSIE.

Mais quelle puissance inconnue
Malgré moi m'arrête en ces lieux ?

LA MUSIQUE.

Quelle divinité sort du sein de la nue ?

LA POÉSIE.

Quels chants mélodieux
Font retentir ici leur douceur infinie ?

PROLOGUE.

LA MUSIQUE.
Ah ! c'est la divine Harmonie
Qui descend des cieux !
LA POÉSIE.
Qu'elle étale à nos yeux
De graces naturelles !
LA MUSIQUE.
Quel bonheur imprévu la fait ici revoir !
LA POÉSIE ET LA MUSIQUE.
Oublions nos querelles :
Il faut nous accorder pour la bien recevoir.
CHOEUR DES POÈTES ET DES MUSICIENS
Oublions nos querelles :
Il faut nous accorder pour la bien recevoir

CHAPELAIN DÉCOIFFÉ [1],

(Parodie des quatre dernières scènes de l'acte I, et de la seconde de l'acte II du Cid.)

SCÈNE I.

LA SERRE, CHAPELAIN.

LA SERRE.
Enfin, vous l'emportez! et la faveur du roi
Vous accable de dons qui n'étoient dus qu'à moi.
On voit rouler chez vous tout l'or de la Castille.

CHAPELAIN.
Les trois fois mille francs qu'il met dans ma famille
Témoignent mon mérite, et font connoître assez
Qu'on ne hait pas mes vers pour être un peu forcés.

LA SERRE.
Pour grands que sont les rois, ils sont ce que nous sommes

---

[1] Voyez la lettre de Boileau à Brossette, du 10 décembre 1701; et le MENAGIANA, tom. I.er, pag. 146. (Édit. de 1715.)

Ils se trompent en vers comme les autres hommes ;
Et ce choix sert de preuve à tous les courtisans,
Qu'à de méchants auteurs ils font de beaux présents.

CHAPELAIN.

Ne parlons point du choix dont votre esprit s'irrite :
La cabale l'a fait plutôt que le mérite.
Vous choisissant, peut-être on eût pu mieux choisir :
Mais le roi m'a trouvé plus propre à son desir.
A l'honneur qu'il m'a fait ajoutez-en un autre.
Unissons désormais ma cabale à la vôtre.
J'ai mes prôneurs aussi, quoiqu'un peu moins fréquents,
Depuis que mes sonnets ont détrompé les gens.
Si vous me célébrez, je dirai que La Serre
Volume sur volume incessamment desserre :
Je parlerai de vous avec monsieur Colbert ;
Et vous éprouverez si mon amitié sert.
Ma nièce même en vous peut rencontrer un gendre.

LA SERRE.

A de plus hauts partis Phlipote peut prétendre !
Et le nouvel éclat de cette pension
Lui doit bien mettre au cœur une autre ambition !
Exerce nos rimeurs, et vante notre prince ;
Va te faire admirer chez les gens de province ;
Fais marcher en tous lieux les rimeurs sous ta loi ;
Sois des flatteurs l'amour, et des railleurs l'effroi :
Joins à ces qualités celles d'une ame vaine,
Montre-leur comme il faut endurcir une veine,

Au métier de Phébus bander tous les ressorts,
Endosser nuit et jour un rouge justaucorps,
Pour avoir de l'encens donner une bataille,
Ne laisser de sa bourse échapper une maille :
Sur-tout sers-leur d'exemple ; et ressouviens-toi bien
De leur former un style aussi dur que le tien.

CHAPELAIN.

Pour s'instruire d'exemple, en dépit de Linière,
Ils liront seulement ma Jeanne tout entière.
Là, dans un long tissu d'amples narrations,
Ils verront comme il faut berner les nations,
Duper, d'un grave ton, gens de robe et d'armée,
Et sur l'erreur des sots bâtir sa renommée.

LA SERRE.

L'exemple de La Serre a bien plus de pouvoir !
Un auteur dans ton livre apprend mal son devoir.
Et qu'a fait après tout ce grand nombre de pages,
Que ne puisse égaler un de mes cent ouvrages ?
Si tu fus grand flatteur, je le suis aujourd'hui,
Et ce bras de la presse est le plus ferme appui.
Bilaine et de Sercy sans moi seroient des drilles ;
Mon nom seul au Palais nourrit trente familles ;
Les marchands fermeroient leurs boutiques sans moi ;
Et s'ils ne m'avoient plus, ils n'auroient plus d'emploi.
Chaque heure, chaque instant fait sortir de ma plume
Cahiers dessus cahiers, volume sur volume.
Mon valet écrivant ce que j'aurois dicté,

Feroit un livre entier, marchant à mon côté ;
Et loin de ces durs vers qu'à mon style on préfère,
Il deviendroit auteur en me regardant faire.

CHAPELAIN.

Tu me parles en vain de ce que je connoi ;
Je t'ai vu rimailler et traduire sous moi.
Si j'ai traduit Guzman, si j'ai fait sa préface,
Ton galimatias a bien rempli ma place.
Enfin pour épargner ces discours superflus,
Si je suis grand flatteur, tu l'es et tu le fus.
Tu vois bien cependant qu'en cette concurrence
Un monarque entre nous met de la différence.

LA SERRE.

Ce que je méritois, tu me l'as emporté.

CHAPELAIN.

Qui l'a gagné sur toi l'avoit mieux mérité.

LA SERRE.

Qui sait mieux composer en est bien le plus digne.

CHAPELAIN.

En être refusé n'en est pas un bon signe.

LA SERRE.

Tu l'as gagné par brigue étant vieux courtisan.

CHAPELAIN.

L'éclat de mes grands vers fut mon seul partisan.

LA SERRE.

Parlons-en mieux : le roi fait honneur à ton âge.

CHAPELAIN.
Le roi, quand il en fait, le mesure à l'ouvrage.
LA SERRE.
Et par-là je devois emporter ces ducats.
CHAPELAIN.
Qui ne les obtient point ne les mérite pas.
LA SERRE.
Ne les mérite pas, moi?
CHAPELAIN.
Toi.
LA SERRE.
Ton insolence,
Téméraire vieillard, aura sa récompense.
(*Il lui arrache sa perruque.*)
CHAPELAIN.
Achève, et prends ma tête après un tel affront,
Le premier dont ma muse a vu rougir son front.
LA SERRE.
Et que penses-tu faire avec tant de foiblesse?
CHAPELAIN.
O dieu! mon Apollon en ce besoin me laisse!
LA SERRE.
Ta perruque est à moi; mais tu serois trop vain,
Si ce sale trophée avoit souillé ma main.
Adieu; fais lire au peuple, en dépit de Linière,
De tes fameux travaux l'histoire tout entière:
D'un insolent discours ce juste châtiment

Ne lui servira pas d'un petit ornement.
CHAPELAIN.
Rends-moi donc ma perruque.
LA SERRE.
      Elle est trop malhonnête.
De tes lauriers sacrés va te couvrir la tête.
CHAPELAIN.
Rends la calotte, au moins !
LA SERRE.
       Va, va, tes cheveux d'ours
Ne pourroient sur ta tête encor durer trois jours.

SCÈNE II.

CHAPELAIN.

O rage ! ô désespoir ! ô perruque m'amie !
N'as-tu donc tant vécu que pour cette infamie ?
N'as-tu trompé l'espoir de tant de perruquiers,
Que pour voir en un jour flétrir tant de lauriers ?
Nouvelle pension fatale à ma calotte !
Précipice élevé qui te jette en la crotte !
Cruel ressouvenir de tes honneurs passés,
Services de vingt ans, en un jour effacés !
Faut-il de ton vieux poil voir triompher La Serre,
Et te mettre crottée, ou te laisser à terre ?
La Serre, sois d'un roi maintenant régalé :

Ce haut rang n'admet pas un poëte pelé;
Et ton jaloux orgueil, par cet affront insigne,
Malgré le choix du roi, m'en a su rendre indigne.
Et toi, de mes travaux glorieux instrument,
Mais d'un esprit de glace inutile ornement,
Plume, jadis vantée, et qui dans cette offense
M'as servi de parade et non pas de défense,
Va, quitte désormais le dernier des humains;
Passe, pour me venger, en de meilleures mains.
Si Cassaigne a du cœur, et s'il est mon ouvrage,
Voici l'occasion de montrer son courage;
Son esprit est le mien, et le mortel affront
Qui tombe sur mon chef, rejaillit sur son front.

SCÈNE III.

CHAPELAIN, CASSAIGNE.

CHAPELAIN.

Cassaigne, as-tu du cœur?

CASSAIGNE.

Tout autre que mon maître
L'éprouveroit sur l'heure.

CHAPELAIN.

Ah! c'est comme il faut être
Digne ressentiment à ma douleur bien doux!
Je reconnois ma verve à ce noble courroux.

Ma jeunesse revit en cette ardeur si prompte.
Mon disciple, mon fils, viens réparer ma honte:
Viens me venger.
CASSAIGNE.
De quoi ?
CHAPELAIN.
D'un affront si cruel,
Qu'à l'honneur de tous deux il porte un coup mortel:
D'une insulte... Le traître eût payé la perruque
Un quart d'écu du moins, sans mon âge caduque.
Ma plume, que mes doigts ne peuvent soutenir,
Je la remets aux tiens pour écrire et punir.
Va contre un insolent faire un bon gros ouvrage.
C'est dedans l'encre seul qu'on lave un tel outrage:
Rime, ou crève. Au surplus, pour ne te point flatter,
Je te donne à combattre un homme à redouter;
Je l'ai vu tout poudreux au milieu des libraires,
Se faire un beau rempart de deux mille exemplaires.
CASSAIGNE.
Son nom? c'est perdre temps en discours superflus.
CHAPELAIN.
Donc pour te dire encor quelque chose de plus;
Plus enflé que Boyer, plus bruyant qu'un tonnerre,
C'est...
CASSAIGNE.
De grace, achevez.

CHAPELAIN.

Le terrible La Serre.

CASSAIGNE.

Le...

CHAPELAIN.

Ne réplique point, je connois ton fatras;
Combats sur ma parole, et tu l'emporteras.
Donnant pour des cheveux ma Pucelle en échange,
J'en vais chercher ; barbouille, écris, rime, et nous venge.

SCÈNE IV.

CASSAIGNE.

Percé jusques au fond du cœur
D'une insulte imprévue aussi bien que mortelle,
Misérable vengeur d'une sotte querelle,
D'un avare écrivain chétif imitateur,
Je demeure stérile, et ma veine abattue
Inutilement sue.
Si près de voir couronner mon ardeur,
O la peine cruelle !
En cet affront La Serre est le tondeur,
Et le tondu, père de la Pucelle !

Que je sens de rudes combats !
Comme ma pension, mon honneur me tourmente !

Il faut faire un poëme, ou bien perdre une rente :
L'un échauffe mon cœur, l'autre retient mon bras.
Réduit au triste choix ou de trahir mon maître,
    Ou d'aller à Bicêtre ;
Des deux côtés mon mal est infini.
    O la peine cruelle !
Faut-il laisser un La Serre impuni ?
Faut-il venger l'auteur de la Pucelle ?

    Auteur, perruque, honneur, argent,
Impitoyable loi, cruelle tyrannie,
Je vois gloire perdue, ou pension finie.
D'un côté je suis lâche, et de l'autre indigent.
Cher et chétif espoir d'une veine flatteuse,
    Et tout ensemble gueuse,
Noir instrument, unique gagne-pain,
    Et ma seule ressource,
M'es-tu donné pour venger Chapelain ?
M'es-tu donné pour me couper la bourse ?

Il vaut mieux courir chez Conrart ;
Il peut me conserver ma gloire et ma finance,
Mettant ces deux rivaux en bonne intelligence.
On sait comme en traités excelle ce vieillard.
S'il n'en vient pas à bout, que Sapho la pucelle
    Vide notre querelle.
Si pas un d'eux ne me veut secourir,

Et si l'on me balotte,
Cherchons La Serre, et sans tant discourir,
Traitons du moins, et payons la calotte.

Traiter sans tirer ma raison !
Rechercher un marché si funeste à ma gloire !
Souffrir que Chapelain impute à ma mémoire
D'avoir mal soutenu l'honneur de sa toison !
Respecter un vieux poil, dont mon ame égarée
Voit la perte assurée !
N'écoutons plus ce dessein négligent,
Qui passeroit pour crime.
Allons, ma main, du moins sauvons l'argent,
Puisqu'aussi bien il faut perdre l'estime.

Oui, mon esprit s'étoit déçu.
Autant que mon honneur, mon intérét me presse :
Que je meure en rimant, ou meure de détresse,
J'aurai mon style dur comme je l'ai reçu.
Je m'accuse déja de trop de négligence.
Courons à la vengeance :
Et tout honteux d'avoir tant de froideur,
Rimons à tire d'aile,
Puisqu'aujourd'hui La Serre est le tondeur,
Et le tondu, père de la Pucelle.

SCÈNE V.

CASSAIGNE, LA SERRE.

CASSAIGNE.

A moi, La Serre, un mot.

LA SERRE.

Parle.

CASSAIGNE.

Ote-moi d'un doute :
Connois-tu Chapelain ?

LA SERRE.

Oui.

CASSAIGNE.

Parlons bas ; écoute :
Sais-tu que ce vieillard fut la même vertu,
Et l'effroi des lecteurs de son temps ? le sais-tu ?

LA SERRE.

Peut-être

CASSAIGNE.

La froideur qu'en mon style je porte,
Sais-tu que je la tiens de lui seul ?

LA SERRE.

Que m'importe ?

CASSAIGNE.

A quatre vers d'ici je te le fais savoir.

LA SERRE.

Jeune présomptueux!

CASSAIGNE.

Parle sans t'émouvoir.
Je suis jeune, il est vrai : mais aux ames bien nées,
La rime n'attend pas le nombre des années.

LA SERRE.

Mais t'attaquer à moi! qui t'a rendu si vain,
Toi qu'on ne vit jamais une plume à la main?

CASSAIGNE.

Mes pareils avec toi sont dignes de combattre;
Et pour leurs coups d'essai veulent des Henri quatre.

LA SERRE.

Sais-tu bien qui je suis?

CASSAIGNE.

Oui : tout autre que moi,
En comptant tes écrits, pourroit trembler d'effroi.
Mille et mille papiers dont ta table est couverte,
Semblent porter écrit le destin de ma perte.
J'attaque en téméraire un gigantesque auteur;
Mais j'aurai trop de force ayant assez de cœur.
Je veux venger mon maître, et ta plume indomptable,
Pour ne se point lasser, n'est point infatigable.

LA SERRE.

Ce phébus, qui paroît au discours que tu tiens,
Souvent par tes écrits se découvrit aux miens;
Et te voyant encor tout frais sorti de classe,

Je disois : Chapelain lui laissera sa place.
Je sais ta pension, et suis ravi de voir
Que ces bons mouvements excitent ton devoir;
Qu'ils te font sans raison mettre rime sur rime,
Étayer d'un pédant l'agonisante estime;
Et que, voulant pour singe un écolier parfait,
Il ne se trompoit point au choix qu'il avoit fait.
Mais je sens que pour toi ma pitié s'intéresse;
J'admire ton audace, et je plains ta jeunesse :
Ne cherche point à faire un coup d'essai fatal;
Dispense un vieux routier d'un combat inégal.
Trop peu de gain pour moi suivroit cette victoire :
A moins d'un gros volume, on compose sans gloire;
Et j'aurois le regret de voir que tout Paris
Te croiroit accablé du poids de mes écrits.

CASSAIGNE.

D'une indigne pitié ton orgueil s'accompagne :
Qui pèle Chapelain craint de tondre Cassaigne!

LA SERRE.

Retire-toi d'ici.

CASSAIGNE.

Hâtons-nous de rimer.

LA SERRE.

Es-tu si prêt d'écrire ?

CASSAIGNE.

Es-tu las d'imprimer ?

LA SERRE.

Viens, tu fais ton devoir. L'écolier est un traître,
Qui souffre sans cheveux la tête de son maître.

LA MÉTAMORPHOSE

DE

LA PERRUQUE DE CHAPELAIN EN COMÈTE.

La plaisanterie que l'on va voir est une suite de la parodie précédente. Elle fut imaginée par les mêmes auteurs, à l'occasion de la comète qui parut à la fin de l'année 1664. Ils étoient à table chez M. Hessein, frère de l'illustre madame de La Sablière.

On feignoit que Chapelain ayant été décoiffé par La Serre, avoit laissé sa perruque à calotte dans le ruisseau, où La Serre l'avoit jetée.

Dans un ruisseau bourbeux la calotte enfoncée,
Parmi de vieux chiffons alloit être entassée,

Quand Phébus l'aperçut; et du plus haut des airs
Jetant sur les railleurs un regard de travers,
Quoi! dit-il, je verrai cette antique calotte
D'un sale chiffonnier remplir l'indigne hotte!

Ici devoit être la description de cette fameuse perruque,

Qui, de tous ses travaux la compagne fidèle,
A vu naître Guzman et mourir la Pucelle;
Et qui de front en front passant à ses neveux,
Devoit avoir plus d'ans qu'elle n'eut de cheveux.

Enfin Apollon changeoit cette perruque en comète. Je veux, disoit ce dieu, que tous ceux qui naîtront sous ce nouvel astre soient poëtes,

Et qu'ils fassent des vers, même en dépit de moi.

Furetière, l'un des auteurs de la pièce, remarqua pourtant que cette métamorphose manquoit de justesse en un point : c'est, dit-il, que les comètes ont des cheveux, et que la perruque de Chapelain est si usée qu'elle n'en a plus. Cette badinerie n'a jamais été achevée.

Chapelain souffrit, dit-on, avec beaucoup de

patience, les satires que l'on fit contre sa perruque. On lui a attribué l'épigramme suivante, qui n'est pas de lui :

> Railleurs, en vain vous m'insultez,
> Et la pièce vous emportez ;
> En vain vous découvrez ma nuque :
> J'aime mieux la condition
> D'être défroqué de perruque,
> Que défroqué de pension.

VERS LATINS.

In novum Causidicum, rustici lictoris filium [1].

Dum puer iste fero natus lictore perorat,
  Et clamat medio, stante parente, foro;
Quæris quid sileat circumfusa undique turba?
  Non stupet ob natum, sed timet illa patrem.

In Marullum, versibus phaleucis antea malè laudatum [2].

Nostri quid placeant minus phaleuci,
Jamdudum tacitus, Marulle, quæro,
Quum nec sint stolidi, nec inficeti,
Nec pingui nimium fluant Minervâ.
Tuas sed celebrant, Marulle, laudes:
O versus stolidos et inficetos!

---

[1] Voy. la lettre de Boileau à Brossette, du 9 avril 1702.
[2] Voy. la même lettre. — C'est de cette épigramme que date la liaison intime de Racine avec Boileau.

SATIRA[1].

Quid numeris iterum me balbutire latinis
Longe Alpes citra natum de patre sicambro,
Musa, jubes? Istuc puero mihi profuit olim,
Verba mihi sævo nuper dictata magistro
Quum pedibus certis conclusa referre docebas.
Utile tunc Smetium manibus sordescere nostris :
Et mihi sæpe udo volvendus pollice Textor
Præbuit adsutis contexere carmina pannis.
Sic Maro, sic Flaccus, sic nostro sæpe Tibullus
Carmine disjecti, vano pueriliter ore
Bullatas nugas sese stupuêre loquentes...

[1] Voy. la lettre à Brossette, du 6 octobre 1701.

PIÈCES DIVERSES.

DISSERTATION
CRITIQUE
SUR L'AVENTURE DE JOCONDE,

RACONTÉE PAR L'ARIOSTE, PAR LA FONTAINE,
ET PAR BOUILLON.

A M. FRANÇOIS LA MOTTE LE VAYER
DE BOUTIGNY.

Monsieur,

Votre gageure est sans doute fort plaisante, et j'ai ri de tout mon cœur de la bonne foi avec laquelle votre ami soutient une opinion aussi peu raisonnable que la sienne. Mais cela ne m'a point du tout surpris : ce n'est pas d'aujourd'hui que les plus méchants ouvrages ont trouvé de sincères protecteurs, et que des opiniâtres ont entrepris de combattre la raison à force ouverte. Et, pour ne vous point citer ici d'exemples du commun, il n'est pas que vous n'ayez ouï parler du goût bizarre de cet empereur[1] qui préféra les écrits d'un je ne sais quel poëte aux ouvrages d'Homère, et qui ne vouloit pas que tous les hommes ensemble, pendant près de vingt siècles, eussent eu le sens commun.

Le sentiment de votre ami[2] a quelque chose d'aussi monstrueux. Et certainement quand je songe à la chaleur avec laquelle il va, le livre à la main, défendre le Joconde de M. Bouillon, il me semble voir Marfise, dans l'Arioste, puisque Arioste il y a, qui veut faire confesser à tous les chevaliers que cette vieille qu'elle a en croupe est un chef-d'œuvre de beauté. Quoi qu'il en soit, s'il n'y prend garde, son opiniâtreté lui coûtera un peu cher; et quelque mauvais passe-temps qu'il y ait pour lui à perdre cent pistoles, je le plains encore plus de la perte qu'il va faire de sa réputation dans l'esprit des habiles gens.

Il a raison de dire qu'il n'y a point de comparaison entre les deux ouvrages dont vous êtes

---

[1] Caligula. (Voy. Suétone, Vie de Caligula, § 34.)
[2] Saint-Gilles, qui avoit parié pour LE JOCONDE de Bouillon.

en dispute, puisqu'il n'y a point de comparaison entre un conte plaisant et une narration froide, entre une invention fleurie et enjouée et une traduction sèche et triste. Voilà en effet la proportion qui est entre ces deux ouvrages. M. de La Fontaine a pris, à la vérité, son sujet de l'Arioste ; mais en même temps il s'est rendu maître de sa matière : ce n'est point une copie qu'il ait tirée un trait après l'autre sur l'original ; c'est un original qu'il a formé sur l'idée que l'Arioste lui a fournie. C'est ainsi que Virgile a imité Homère ; Térence, Ménandre ; et le Tasse, Virgile. Au contraire, on peut dire de M. Bouillon que c'est un valet timide, qui n'oseroit faire un pas sans le congé de son maître, et qui ne le quitte jamais que quand il ne le peut plus suivre. C'est un traducteur maigre et décharné : les belles fleurs que l'Arioste lui fournit deviennent sèches entre ses mains ; et, à tout moment quittant le françois pour s'attacher à l'italien, il n'est ni italien ni françois.

Voilà, à mon avis, ce qu'on doit penser sur ces deux pièces. Mais je passe plus avant, et je soutiens que non seulement la nouvelle de M. de La Fontaine est infiniment meilleure que celle de ce monsieur, mais qu'elle est même plus agréablement contée que celle de l'Arioste. C'est beaucoup dire, sans doute; et je vois bien que par-là je vais m'attirer sur les bras tous les amateurs de ce poëte. C'est pourquoi vous trouverez bon que je n'avance pas cette opinion, sans l'appuyer de quelques raisons.

Premièrement, je ne vois pas par quelle licence poétique l'Arioste a pu, dans un poëme héroïque et sérieux, mêler une fable et un conte de vieille, pour ainsi dire, aussi burlesque qu'est l'histoire de Joconde. « Je sais bien, dit un poëte, grand
« critique [1], qu'il y a beaucoup de choses per-
« mises aux poëtes et aux peintres; qu'ils peuvent
« quelquefois donner carrière à leur imagina-
« tion, et qu'il ne faut pas toujours les resserrer
« dans la raison étroite et rigoureuse. Bien loin
« de leur vouloir ravir ce privilége, je le leur ac-
« corde pour eux, et je le demande pour moi.
« Ce n'est pas à dire toutefois qu'il leur soit
« permis pour cela de confondre toutes choses;

---

[1] Horat., de Arte poet., v. 9-13.

Pictoribus atque poetis
Quidlibet audendi semper fuit æqua potestas, etc.

« de renfermer dans un même corps mille espèces
« différentes, aussi confuses que les rêveries d'un
« malade; de mêler ensemble des choses incom-
« patibles; d'accoupler les oiseaux avec les ser-
« pents, les tigres avec les agneaux. » Comme vous
voyez, monsieur, ce poëte avoit fait le procès à
l'Arioste, plus de mille ans avant que l'Arioste eût
écrit. En effet, ce corps composé de mille espèces
différentes, n'est-ce pas proprement l'image du
poëme de ROLAND LE FURIEUX? Qu'y a-t-il de plus
grave et de plus héroïque que certains endroits
de ce poëme? Qu'y a-t-il de plus bas et de plus
bouffon que d'autres? Et, sans chercher si loin,
peut-on rien voir de moins sérieux que l'histoire
de Joconde et d'Astolfe? Les aventures de Buscon
et de Lazarille ont-elles quelque chose de plus
extravagant? Sans mentir, une telle bassesse est
bien éloignée du goût de l'antiquité : et qu'au-
roit-on dit de Virgile, bon dieu! si, à la des-
cente d'Énée en Italie, il lui avoit fait conter
par un hôtelier l'histoire de Peau-d'Ane, ou les
contes de ma Mère-l'Oie? Je dis les contes de
ma Mère-l'Oie, car l'histoire de Joconde n'est
guère d'un autre rang. Que si Homère a été blâ-
mé dans son Odyssée, qui est pourtant un ou-

vrage tout comique, comme l'a remarqué Aristote, si, dis-je, il a été repris par de fort habiles critiques pour avoir mêlé dans cet ouvrage l'histoire des compagnons d'Ulysse changés en pourceaux, comme étant indigne de la majesté de son sujet; que diroient ces critiques, s'ils voyoient celle de Joconde dans un poëme héroïque? N'auroient-ils pas raison de s'écrier que, si cela est reçu, le bon sens ne doit plus avoir de juridiction sur les ouvrages d'esprit, et qu'il ne faut plus parler d'art ni de régle? Ainsi, monsieur, quelque bonne que soit d'ailleurs la Joconde de l'Arioste, il faut tomber d'accord qu'elle n'est pas en son lieu.

Mais examinons un peu cette histoire en elle-même. Sans mentir, j'ai de la peine à souffrir le sérieux avec lequel l'Arioste écrit un conte si bouffon. Vous diriez que non seulement c'est une histoire très véritable, mais que c'est une chose très noble et très héroïque qu'il va raconter; et certes, s'il voûloit décrire les exploits d'un Alexandre ou d'un Charlemagne, il ne débuteroit pas plus gravement :

> Astolfo, re de' Longobardi, quello
> A cui lasciò il fratel monaco il regno,

Fu nella giovinezza sua si bello,
Che mai poch' altri giunsero a quel segno.
N'avria a fatica un tal fatto a pennello
Apelle, o Zeusi, o se v'è alcun più degno [1].

Le bon messer Ludovico ne se souvenoit pas, ou plutôt ne se soucioit pas du précepte de son Horace,

Versibus exponi tragicis res comica non vult [2].

Cependant il est certain que ce précepte est fondé sur la pure raison ; et que, comme il n'y a rien de plus froid que de conter une chose grande en style bas, aussi n'y a-t-il rien de plus ridicule que de raconter une histoire comique et absurde en termes graves et sérieux, à moins que ce sérieux ne soit affecté tout exprès pour rendre la chose encore plus burlesque. Le secret donc, en contant une chose absurde, est de s'énoncer d'une telle manière que vous fassiez concevoir au lecteur que vous ne croyez pas vous-même la chose que vous lui contez ; car

---

[1] Orland. Furiòs., cant. XXVIII, stan. IV.— [2] Horat., de Arte poet., v. 89.

alors il aide lui-même à se décevoir, et ne songe qu'à rire de la plaisanterie agréable d'un auteur qui se joue et ne lui parle pas tout de bon. Et cela est si véritable, qu'on dit même assez souvent des choses qui choquent directement la raison, et qui ne laissent pas néanmoins de passer, à cause qu'elles excitent à rire. Telle est cette hyperbole d'un ancien poëte comique, pour se moquer d'un homme qui avoit une terre de fort petite étendue : « Il possédoit, « dit ce poëte, une terre à la campagne, qui « n'étoit pas plus grande qu'une épître de La- « cédémonien. » Y a-t-il rien, ajoute un autre rhéteur, de plus absurde que cette pensée ? Cependant elle ne laisse pas de passer pour vraisemblable, parcequ'elle touche la passion, je veux dire qu'elle excite à rire. Et n'est-ce pas, en effet, ce qui a rendu si agréables certaines lettres de Voiture, comme celle du Brochet et de la Carpe, dont l'invention est absurde d'elle-même, mais dont il a caché l'absurdité par l'enjouement de sa narration, et par la manière plaisante dont il dit toutes choses ? C'est ce que M. de La Fontaine a observé dans sa nouvelle ; il a cru que dans un conte comme celui de Jo-

conde il ne falloit pas badiner sérieusement.
Il rapporte, à la vérité, des aventures extravagantes ; mais il les donne pour telles ; par-tout
il rit et il joue : et si le lecteur veut lui faire
un procès sur le peu de vraisemblance qu'il y a
aux choses qu'il raconte, il ne va pas, comme
l'Arioste, les appuyer par des raisons forcées
et plus absurdes encore que la chose même ;
mais il s'en sauve en riant et en se jouant du
lecteur, ce qui est la route qu'on doit tenir en
ces rencontres :

> Ridiculum acri
> Fortius et melius magnas plerumque secat res [1].

Ainsi, lorsque Joconde, par exemple, trouve sa
femme couchée entre les bras d'un valet, il n'y
a pas d'apparence que, dans la fureur, il n'éclate contre elle, ou du moins contre ce valet.
Comment est-ce donc que l'Arioste sauve cela ?
Il dit que la violence de l'amour ne lui permet
pas de faire déplaisir à sa femme :

> Ma dall'amor che porta, al suo dispetto,
> All' ingrata moglier, gli fu interdetto.

[1] Horat., lib. I, sat. x, v. 14.

Voilà, sans mentir, un amant bien parfait; et Céladon ni Silvandre ne sont jamais parvenus à ce haut degré de perfection. Si je ne me trompe, c'étoit bien plutôt là une raison, non seulement pour obliger Joconde à éclater, mais c'en étoit assez pour lui faire poignarder, dans la rage, sa femme, son valet, et soi-même, puisqu'il n'y a point de passion plus tragique et plus violente que la jalousie qui naît d'un extrême amour. Et certainement, si les hommes les plus sages et les plus modérés ne sont pas maîtres d'eux-mêmes dans la chaleur de cette passion, et ne peuvent s'empêcher quelquefois de s'emporter jusqu'à l'excès pour des sujets fort légers, que devoit faire un jeune homme comme Joconde, dans le premier accès d'une jalousie aussi bien fondée que la sienne? Étoit-il en état de garder encore des mesures avec une perfide pour qui il ne pouvoit plus avoir que des sentiments d'horreur et de mépris? M. de La Fontaine a bien vu l'absurdité qui s'ensuivoit de là; il s'est donc bien gardé de faire Joconde amoureux d'un amour romanesque et extravagant : cela ne serviroit de rien; et une passion comme celle-là n'a point de rapport avec le caractère dont Joconde nous est dépeint, ni avec ses aventures amoureuses. Il l'a donc représenté seulement comme un homme persuadé au fond de la vertu et de l'honnêteté de sa femme. Ainsi, quand il vient à reconnoître l'infidélité de cette femme, il peut fort bien, par un sentiment d'honneur, comme le suppose M. de La Fontaine, n'en rien témoigner, puisqu'il n'y a rien qui fasse plus de tort à un homme d'honneur, en ces sortes de rencontres, que l'éclat:

> Tous deux dormoient: dans cet abord Joconde
> Voulut les envoyer dormir en l'autre monde;
>   Mais cependant il n'en fit rien,
>   Et mon avis est qu'il fit bien.
>   Le moins de bruit que l'on peut faire
>   En telle affaire,
>   Est le plus sûr de la moitié.
>   Soit par prudence, où par pitié,
>   Le Romain ne tua personne.

Que si l'Arioste n'a supposé l'extrême amour de Joconde que pour fonder la maladie et la maigreur qui lui vint ensuite, cela n'étoit point nécessaire, puisque la seule pensée d'un affront n'est que trop suffisante pour faire tomber malade un homme de cœur. Ajoutez à toutes ces raisons que l'image d'un honnête homme, lâchement trahi par une ingrate qu'il aime, tel que Joconde nous est représenté dans l'Arioste, a quelque chose de tragique, qui ne vaut rien dans un conte pour rire : au lieu que la peinture d'un mari qui se résout à souffrir discrètement les plaisirs de sa femme, comme l'a dépeint M. de La Fontaine, n'a rien que de plaisant et d'agréable; et c'est le sujet ordinaire de nos comédies.

L'Arioste n'a pas mieux réussi dans cet autre endroit où Joconde apprend au roi l'abandonnement de sa femme avec le plus laid monstre de la cour. Il n'est pas vraisemblable que le roi n'en témoigne rien. Que fait donc l'Arioste pour fonder cela? Il dit que Joconde, avant que de découvrir ce secret au roi, le fit jurer sur le Saint-Sacrement ou l'AGNUS DEI (ce sont ses termes) qu'il ne s'en ressentiroit point. Ne voilà-t-il pas une invention bien agréable? Et le Saint-Sacrement n'est-il pas là bien placé? Il n'y a que la licence italienne qui puisse mettre une semblable impertinence à couvert; et de pareilles sottises ne se souffrent point en latin ni en françois. Mais comment est-ce que l'Arioste sauvera toutes les autres absurdités qui s'ensuivent de là ? Où est-ce que Joconde trouve si vite une hostie sacrée pour faire jurer le roi ? Et quelle apparence qu'un roi s'engage ainsi légèrement à un simple gentilhomme, par un serment si exécrable ? Avouons que M. de La Fontaine s'est bien plus sagement tiré de ce pas par la plaisanterie de Joconde, qui propose au roi, pour le consoler de cet accident, l'exemple des rois et des Césars qui avoient souffert un semblable malheur avec une constance tout héroïque ; et peut-on en sortir plus agréablement qu'il ne fait par ces vers ?

> Mais enfin il le prit en homme de courage,
> En galant homme ; et, pour le faire court,
> En véritable homme de cour.

Ce trait ne vaut-il pas mieux lui seul que tout le sérieux de l'Arioste ? Ce n'est pas pourtant que l'Arioste n'ait cherché le plaisant qu'il a pu ; et on peut dire de lui ce que Quintilien dit de Démosthène : NON DISPLICUISSE ILLI JOCOS, SED NON CONTIGISSE ; qu'il ne fuyoit pas les bons mots, mais qu'il ne les trouvoit pas : car quelquefois, de la plus haute gravité de son style, il tombe dans des bassesses à peine dignes du burlesque. En effet, qu'y a-t-il de plus ridicule que cette longue généalogie qu'il fait du reliquaire que Joconde reçut, en partant, de sa femme? Cette raillerie contre la religion n'est-elle pas bien en son lieu? Que peut-on voir de plus sale que cette métaphore ennuyeuse, prise de l'exercice des chevaux, de laquelle Astolfe et Joconde se servent pour se reprocher l'un à l'autre leur lubricité? Que peut-on imaginer de plus froid que cette équivoque qu'il emploie, à propos du retour de Joconde à Rome? On croyoit, dit-il, qu'il étoit allé à Rome; et il étoit allé à Corneto:

> Credeano, che da lor si fosse tolto
> Per gire a Roma; e gito era a Corneto.

Si M. de La Fontaine avoit mis une semblable sottise dans toute sa pièce, trouveroit-il grace auprès de ses censeurs? et une impertinence de cette force n'auroit-elle pas été capable de décrier tout son ouvrage, quelques beautés qu'il eût eues d'ailleurs. Mais certes il ne falloit pas appréhender cela de lui. Un homme formé, comme je vois bien qu'il l'est, au goût de Térence et de Virgile ne se laisse pas emporter à ces extravagances italiennes, et ne s'écarte pas ainsi de la route du bon sens. Tout ce qu'il dit est simple et naturel ; et ce que j'estime sur-tout en lui, c'est une certaine naïveté de langage que peu de gens connoissent, et qui fait pourtant tout l'agrément du discours ; c'est cette naïveté inimitable qui a été tant estimée dans les écrits d'Horace et de Térence, à laquelle ils se sont étudiés particulièrement, jusqu'à rompre pour cela la mesure de leurs vers, comme a fait M. de La Fontaine en beaucoup d'endroits. En effet, c'est ce MOLLE et ce FACETUM qu'Horace a attribué à Virgile, et qu'Apollon ne donne qu'à ses favoris. En voulez-vous des exemples ?

> Marié depuis peu : content, je n'en sais rien :
> Sa femme avoit de la jeunesse,
> De la beauté, de la délicatesse ;
> Il ne tenoit qu'à lui qu'il ne s'en trouvât bien.

S'il eût dit simplement que Joconde vivoit content avec sa femme, son discours auroit été assez froid ; mais par ce doute où il s'embarrasse lui-même, et qui ne veut pourtant dire que la même chose, il enjoue [1] sa narration, et occupe agréa-

---

[1] *Enjouer* n'a pas conservé cette signification active ; nous dirions, *il égaie*.

blement le lecteur. C'est ainsi qu'il faut juger de ces vers de Virgile dans une de ses églogues à propos de Médée, à qui une fureur d'amour et de jalousie avoit fait tuer ses enfants :

> Crudelis mater magis, an puer improbus ille?
> Improbus ille puer, crudelis tu quoque mater [1].

Il en est de même encore de cette réflexion que fait M. de La Fontaine, à propos de la désolation que fait paroître la femme de Joconde quand son mari est prêt à partir :

> Vous autres bonnes gens auriez cru que la dame
>   Une heure après eût rendu l'ame ;
> Moi qui sais ce que c'est que l'esprit d'une femme, etc.

Je pourrois vous montrer beaucoup d'endroits de la même force, mais cela ne serviroit de rien pour convaincre votre ami. Ces sortes de beautés sont de celles qu'il faut sentir, et qui ne se prouvent point. C'est ce je ne sais quoi qui nous charme, et sans lequel la beauté même n'auroit ni grace ni beauté ; mais, après tout, c'est un *je ne sais quoi* ; si votre ami est aveugle, je ne m'engage pas à lui faire voir clair ; et c'est aussi

---

[1] Ecl. VIII, v. 49.

pourquoi vous me dispenserez, s'il vous plaît, de répondre à toutes les vaines objections qu'il vous a faites. Ce seroit combattre des fantômes qui s'évanouissent d'eux-mêmes; et je n'ai pas entrepris de dissiper toutes les chimères qu'il est d'humeur à se former dans l'esprit.

Mais il y a deux difficultés, dites-vous, qui vous ont été proposées par un fort galant homme, et qui sont capables de vous embarrasser. La première regarde l'endroit où ce valet d'hôtellerie trouve le moyen de coucher avec la commune maîtresse d'Astolfe et de Joconde, au milieu de ces deux galants. Cette aventure, dit-on, paroît mieux fondée dans l'original, parcequ'elle se passe dans une hôtellerie, où Astolfe et Joconde viennent d'arriver fraîchement, et d'où ils doivent partir le lendemain; ce qui est une raison suffisante pour obliger ce valet à ne point perdre de temps, et à tenter ce moyen, quelque dangereux qu'il puisse être, pour jouir de sa maîtresse, parceque, s'il laisse échapper cette occasion, il ne pourra plus la recouvrer : au lieu que, dans la nouvelle de M. de La Fontaine, tout ce mystère arrive chez un hôte où Astolfe et Joconde font un assez long séjour.

Ainsi ce valet logeant avec celle qu'il aime, et étant avec elle tous les jours, vraisemblablement il pouvoit trouver d'autres voies plus sûres pour coucher avec elle que celle dont il se sert.

A cela je réponds que, si ce valet a recours à celle-ci, c'est qu'il n'en peut imaginer de meilleure; et qu'un gros brutal, tel qu'il nous est représenté par M. de La Fontaine, et tel qu'il devoit être en effet pour faire une entreprise comme celle-là, est fort capable de hasarder tout pour se satisfaire, et n'a pas toute la prudence que pourroit avoir un honnête homme. Il y auroit quelque chose à dire, si M. de La Fontaine nous l'avoit représenté comme un amoureux de roman, tel qu'il est dépeint dans l'Arioste, qui n'a pas pris garde que ces paroles de tendresse et de passion qu'il lui met dans la bouche sont fort bonnes pour un Tircis, mais ne conviennent pas trop bien à un muletier. Je soutiens, en second lieu, que la même raison qui, dans l'Arioste, empêche tout un jour ce valet et cette fille de pouvoir exécuter leur volonté, cette même raison, dis-je, a pu subsister plusieurs jours, et qu'ainsi étant continuellement observés l'un et l'autre par les gens d'Astolfe et de Joconde, et par les autres valets de l'hôtellerie, il n'est pas dans leur pouvoir d'accomplir leur dessein, si ce n'est la nuit. Pourquoi donc, me direz-vous, M. de La Fontaine n'a-t-il point exprimé cela? Je soutiens qu'il n'étoit point obligé de le faire, parceque cela se suppose aisément de soi-même, et que tout l'artifice de la narration consiste à ne marquer que les circonstances qui sont absolument nécessaires. Ainsi, par exemple, quand je dis qu'un tel est de retour de Rome, je n'ai que faire de dire qu'il y étoit allé, puisque cela s'ensuit de là nécessairement. De même, lorsque, dans la Nouvelle de M. de La Fontaine, la fille dit au valet qu'elle ne lui peut pas accorder sa demande, parceque, si elle le faisoit, elle perdroit infailliblement l'anneau qu'Astolfe et Joconde lui avoient promis, il s'ensuit de là infailliblement, qu'elle ne lui pouvoit accorder cette demande sans être découverte, autrement l'anneau n'auroit couru aucun risque.

Qu'étoit-il donc besoin que M. de La Fontaine allât perdre en paroles inutiles le temps qui est si cher dans une narration? On me dira peut-être que M. de La Fontaine, après tout, n'avoit que faire de changer ici l'Arioste. Mais qui ne voit, au contraire, que par-là il a évité une absurdité manifeste? c'est à savoir, ce marché qu'Astolfe et Joconde font avec leur hôte, par lequel ce père vend sa fille à beaux deniers comptants. En effet, ce marché n'a-t-il pas quelque chose de choquant, ou plutôt d'horrible? Ajoutez que, dans la nouvelle de M. de La Fontaine, Astolfe et Joconde sont trompés bien plus plaisamment, parcequ'ils regardent tous deux cette fille qu'ils ont abusée comme une jeune innocente à qui ils ont donné, comme il dit,

La première leçon du plaisir amoureux;

au lieu que, dans l'Arioste, c'est une infame qui va courir le pays avec eux, et qu'ils ne sauroient regarder que comme une abandonnée.

Je viens à la seconde objection. Il n'est pas vraisemblable, vous a-t-on dit, que, quand Astolfe et Joconde prennent résolution de courir ensemble le pays, le roi, dans la douleur où il est, soit le premier qui s'avise d'en faire la proposition; et il semble que l'Arioste ait mieux réussi de la faire faire par Joconde.

Je dis que c'est tout le contraire, et qu'il n'y a point d'apparence qu'un simple gentilhomme fasse à un roi une proposition si étrange, que celle d'abandonner son royaume, et d'aller exposer sa personne en des pays éloignés, puisque même la seule pensée en est coupable : au lieu qu'il peut fort bien tomber dans l'esprit d'un roi, qui se voit sensiblement outragé en son honneur, et qui ne sauroit plus voir sa femme qu'avec chagrin, d'abandonner sa cour pour quelque temps, afin de s'ôter de devant les yeux un objet qui ne lui peut causer que de l'ennui.

Si je ne me trompe, monsieur, voilà vos doutes assez bien résolus. Ce n'est pas pourtant que de là je veuille inférer que M. de La Fontaine ait sauvé toutes les absurdités qui sont dans l'histoire de Joconde; il y auroit eu de l'absurdité à lui-même d'y penser. Ce seroit vouloir extravaguer sagement, puisqu'en effet toute cette histoire n'est autre chose qu'une extravagance assez ingénieuse, continuée depuis un bout jusqu'à l'autre. Ce que j'en dis n'est seulement que pour vous faire voir qu'aux endroits où il s'est écarté de l'Arioste, bien loin d'avoir fait de nouvelles fautes, il a rectifié celles de cet auteur. Après tout, néanmoins, il faut avouer que c'est à l'Arioste qu'il doit sa principale invention. Ce n'est pas que les choses qu'il a ajoutées de lui-même ne puissent entrer en parallèle avec tout ce qu'il y a de plus ingénieux dans l'histoire de Joconde. Telle est l'invention du livre blanc que nos deux aventuriers emportèrent pour mettre les noms de celles qui ne seroient pas rebelles à leurs vœux; car cette badinerie me semble bien aussi agréable que tout le reste du conte. Il n'en faut pas moins dire de cette plaisante contestation qui s'émeut entre Astolfe et Joconde, pour le pucelage de leur commune maîtresse, qui n'étoit pourtant que les restes d'un valet; mais, monsieur, je ne veux point chicaner mal-à-propos : donnons, si vous voulez, à l'Arioste toute la gloire de l'invention; ne lui dénions pas le prix qui lui est justement dû pour l'élégance, la netteté, et la brièveté inimitable avec laquelle il dit tant de choses en si peu de mots; ne rabaissons point malicieusement, en faveur de notre nation, le plus ingénieux auteur des derniers siècles : mais que les graces et les charmes de son esprit ne nous enchantent pas de telle sorte, qu'elles nous empêchent de voir les fautes de jugement qu'il a faites en plusieurs endroits; et quelque harmonie de vers dont il nous frappe l'oreille, confessons que M. de La Fontaine ayant conté plus plaisamment une chose très plaisante, il a mieux compris l'idée et le caractère de la narration.

Après cela, monsieur, je ne pense pas que vous voulussiez exiger de moi de vous marquer ici exactement tous les défauts qui sont dans la pièce de M. Bouillon. J'aimerois autant être condamné à faire l'analyse exacte d'une chanson du Pont-Neuf par les régles de la poétique d'Aristote. Jamais style ne fut plus vicieux que le sien, et jamais style ne fut plus éloigné de celui de M. de La Fontaine. Ce n'est pas, monsieur, que je veuille faire passer ici l'ouvrage de M. de La Fontaine pour un ouvrage sans défauts; je le tiens assez galant homme pour tomber d'accord lui-même des négligences qui s'y peuvent rencontrer : et où ne s'en rencontre-t-il point? Il suffit, pour moi, que le bon y passe infiniment le mauvais, et c'est assez pour faire un ouvrage excellent :

DISSERTATION

Verùm ubi plura nitent in carmine, non ego paucis
Offendar maculis [1].

Il n'en est pas ainsi de M. Bouillon : c'est un auteur sec et aride; toutes ses expressions sont rudes et forcées, il ne dit jamais rien qui ne puisse être mieux dit : et bien qu'il bronche à chaque ligne, son ouvrage est moins à blâmer pour les fautes qui y sont que pour l'esprit et le génie qui n'y est pas. Je ne doute point que vos sentiments en cela ne soient d'accord avec les miens. Mais, s'il vous semble que j'aille trop avant, je veux bien, pour l'amour de vous, faire un effort, et en examiner seulement une page.

> Astolphe, roi de Lombardie,
> A qui son frère plein de vie
> Laissa l'empire glorieux,
> Pour se faire religieux,
> Naquit d'une forme si belle,
> Que Zeuxis et le grand Apelle
> De leur docte et fameux pinceau
> N'ont jamais rien fait de si beau.

Que dites-vous de cette longue période? N'est-

[1] HORAT., de Arte poet., v. 351.

ce pas bien entendre la manière de conter, qui doit être simple et coupée, que de commencer une narration en vers par un enchaînement de paroles à peine supportable dans l'exorde d'une oraison?

A qui son frère plein de vie...

Plein de vie est une cheville, d'autant plus qu'il n'est pas du texte. M. Bouillon l'a ajouté de sa grace; car il n'y a point en cela de beauté qui l'y ait contraint.

Laissa l'empire glorieux...

Ne semble-t-il pas que, selon M. Bouillon, il y a un empire particulier *des glorieux*, comme il y a un empire des Ottomans et des Romains; et qu'il a dit l'empire glorieux, comme un autre diroit l'empire ottoman? Ou bien il faut tomber d'accord que le mot de *glorieux* en cet endroit-là est une cheville, et une cheville grossière et ridicule.

Pour se faire religieux...

Cette manière de parler est basse, et nullement poétique.

> Naquit d'une forme si belle...

Pourquoi *naquit*? N'y a-t-il pas des gens qui naissent fort beaux, et qui deviennent fort laids dans la suite du temps? Et au contraire n'en voit-on pas qui viennent fort laids au monde, et que l'âge ensuite embellit?

> Que Zeuxis et le grand Apelle...

On peut bien dire qu'Apelle étoit un grand peintre; mais qui a jamais dit *le grand Apelle?* Cette épithète de *grand* tout simple ne se donne jamais qu'à des conquérants et à nos saints. On peut bien appeler Cicéron le grand orateur; mais il seroit ridicule de dire *le grand Cicéron*, et cela auroit quelque chose d'enflé et de puéril. Mais qu'a fait ici le pauvre Zeuxis pour demeurer sans épithète, tandis qu'Apelle est *le grand Apelle?* Sans mentir, il est bien malheureux que la mesure du vers ne l'ait pas permis, car il auroit été du moins *le brave* Zeuxis.

> De leur docte et fameux pinceau
> N'ont jamais rien fait de si beau.

Il a voulu exprimer ici la pensée de l'Arioste,

que quand Zeuxis et Apelle auroient épuisé tous leurs efforts pour peindre une beauté, douée de toutes les perfections, cette beauté n'auroit pas égalé celle d'Astolfe. Mais qu'il y a mal réussi ! et que cette façon de parler est grossière : « N'ont jamais rien fait de si beau de leur pin- « ceau ! »

> Mais si sa grace sans pareille...

sans pareille est là une cheville ; et le poëte n'a pas pu dire cela d'Astolfe, puisqu'il déclare dans la suite qu'il y avoit un homme au monde plus beau que lui ; c'est à savoir, Joconde.

> Étoit du monde la merveille...

Cette transposition ne se peut souffrir.

> Ni les avantages que donne
> Le royal éclat de son sang...

Ne diriez-vous pas que *le sang* des Astolfe de Lombardie est ce qui donne ordinairement de l'éclat ? Il falloit dire, « ni les avantages que lui « donnoit le royal éclat de son sang. »

> Dans les italiques provinces...

Cette manière de parler sent le poëme épique, où même elle ne seroit pas fort bonne, et ne vaut rien du tout dans un conte, où les façons de parler doivent être simples et naturelles.

>Élevoient au-dessus des anges...

Pour parler françois, il falloit dire, « Élevoient « au-dessus de ceux des anges. »

>Au prix des charmes de son corps.

De son corps est dit bassement pour rimer. Il falloit dire *de sa beauté*.

>Si jamais il avoit vu naître...

Naître est maintenant aussi peu nécessaire qu'il l'étoit tantôt.

>Rien qui fût comparable à lui...

Ne voilà-t-il pas un joli vers?

>Sire, je crois que le soleil
>Ne voit rien qui vous soit pareil,
>Si ce n'est mon frère Joconde,
>Qui n'a point de pareil au monde.

Le pauvre Bouillon s'est terriblement embarrassé dans ces termes de *pareil* et de *sans pareil*. Il a dit là-bas que la beauté d'Astolfe n'a point de pareille : ici il dit que c'est la beauté de Joconde qui est sans pareille : de là il conclut que la beauté *sans pareille* du roi n'a *de pareille* que la beauté *sans pareille* de Joconde. Mais, sauf l'honneur de l'Arioste, que M. Bouillon a suivi en cet endroit, je trouve ce compliment fort impertinent, puisqu'il n'est pas vraisemblable qu'un courtisan aille de but en blanc dire à un roi qui se pique d'être le plus bel homme de son siècle : « J'ai un frère plus beau que vous. » M. de La Fontaine a bien fait d'éviter cela, et de dire simplement que ce courtisan prit occasion de louer la beauté de son frère, sans l'élever néanmoins au-dessus de celle du roi.

Comme vous voyez, monsieur, il n'y a pas un vers où il n'y ait quelque chose à reprendre, et que Quintilius[1] n'envoyât rebattre sur l'enclume.

Mais en voilà assez ; et quelque résolution que j'aie prise d'examiner la page entière, vous trouverez bon que je me fasse grace à moi-même,

---
[1] Horat., de Art. poet., v. 438.

et que je ne passe pas plus avant. Et que seroit-ce, bon dieu! si j'allois rechercher toutes les impertinences de cet ouvrage, les mauvaises façons de parler, les rudesses, les incongruités, les choses froides et platement dites, qui s'y rencontrent par-tout? Que dirions-nous de ces *murailles* dont les ouvertures *bâillent;* de ces *errements* qu'Astolfe et Joconde suivent *dans les pays flamands?* Suivre des errements! juste ciel! quelle langue est-ce là? Sans mentir, je suis honteux pour M. de La Fontaine de voir qu'il ait pu être mis en parallèle avec un tel auteur; mais je suis encore plus honteux pour votre ami. Je le trouve bien hardi sans doute d'oser ainsi hasarder cent pistoles, sur la foi de son jugement. S'il n'a point de meilleure caution, et qu'il fasse souvent de semblables gageures, il est au hasard de se ruiner.

Voilà, monsieur, la manière d'agir ordinaire des demi-critiques, de ces gens, dis-je, qui, sous l'ombre d'un sens commun tourné pourtant à leur mode, prétendent avoir droit de juger souverainement de toutes choses, corrigent, disposent, réforment, louent, approuvent, condamnent tout au hasard. J'ai peur que votre ami ne soit un peu de ce nombre. Je lui pardonne cette haute estime qu'il fait de la piéce de M. Bouillon; je lui pardonne même d'avoir chargé sa mémoire de toutes les sottises de cet ouvrage : mais je ne lui pardonne pas la confiance avec laquelle il se persuade que tout le monde confirmera son sentiment. Pense-t-il donc que trois des plus galants hommes de France aillent, de gaieté de cœur, se perdre d'estime dans l'esprit des habiles gens, pour lui faire gagner cent pistoles? Et depuis Midas, d'impertinente mémoire, s'est-il trouvé personne qui ait rendu un jugement aussi absurde que celui qu'il attend d'eux?

Mais, monsieur, il me semble qu'il y a assez long-temps que je vous entretiens, et ma lettre pourroit enfin passer pour une dissertation préméditée. Que voulez-vous? C'est que votre gageure me tient au cœur, et j'ai été bien aise de vous justifier à vous-même le droit que vous avez sur les cent pistoles de votre ami. J'espère que cela servira à vous faire voir avec combien de passion je suis, etc.

AVERTISSEMENT

Mis à la tête des œuvres posthumes de M. B. (Gilles Boileau) de l'académie françoise, contrôleur de l'argenterie du roi. Paris, Barbin, 1670, in-12 [1].

Je ne doute point que le lecteur ne m'ait quelque obligation du présent que je lui fais des derniers ouvrages d'un homme illustre, que la mort a mis hors d'état de les pouvoir donner lui-même au public. Bien qu'ils n'aient point encore vu le jour, ils ne laissent pas d'être fort connus. La traduction du quatrième livre de l'Énéide a déja charmé une bonne partie de la cour, par la lecture que l'auteur, de son vivant, a été comme forcé d'en faire en plusieurs réduits célèbres. Elle a mérité l'approbation d'une des plus spirituelles princesses de la terre, et elle a fait dire

---

[1] Nicolas Boileau Despréaux prit soin de cette édition des œuvres de son frère, et composa cet avertissement au nom du libraire Barbin.

à un des plus fameux prédicateurs de notre siècle, qu'à ce coup la copie avoit surpassé l'original. Cependant il est certain que l'auteur ne s'étoit pas encore satisfait sur cette traduction, à laquelle il n'avoit pas mis la dernière main, non plus qu'à ces autres ouvrages qu'il n'avoit pas faits la plupart pour être imprimés, et qui ne l'auroient jamais été, si je n'en eusse fait une espèce de larcin à ceux entre les mains de qui ils étoient tombés. C'est un avis que je suis bien aise de donner en passant à ceux qui y trouveront peut-être des choses plus foibles les unes que les autres. Je crois que le nombre de ces critiques sera fort petit : et j'espère qu'il en sera de ces ouvrages comme de l'Énéide de Virgile, dont Virgile seul est mort mécontent. Voilà tout l'avertissement que j'ai à donner au lecteur. S'il profite comme il doit du don que je lui fais, et s'il sait m'en faire profiter, je me promets de lui donner bientôt une seconde édition de ce livre, plus ample et plus correcte que celle-ci ; et je lui réponds que je n'épargnerai point mes soins et ma diligence pour lui donner une entière satisfaction.

ARRÊT BURLESQUE

Donné en la grand'chambre du Parnasse, en faveur des maîtres-ès-arts, médecins et professeurs de l'université de Stagire[1], au pays des Chimères, pour le maintien de la doctrine d'Aristote. (1671-1675.)

Vu par la cour la requête[2] présentée par les régents, maîtres-ès-arts, docteurs et professeurs de l'université, tant en leurs noms, que comme tuteurs et défenseurs de la doctrine de maître.... Aristote, ancien professeur royal en grec dans le collége du Lycée, et précepteur du feu roi de querelleuse mémoire, Alexandre dit le Grand, acquéreur de l'Asie, Europe, Afrique, et autres lieux ; contenant que, depuis quelques

---

[1] Ville de Macédoine, sur la mer Égée, et patrie d'Aristote. (BOIL.)

[2] L'université de Paris avoit présenté requête au parlement pour empêcher qu'on enseignât la philosophie de Descartes. La requête fut supprimée, et Bernier en fit imprimer une de sa façon. (BOIL.)

années, une inconnue, nommée la Raison, auroit entrepris d'entrer par force dans les écoles de ladite université; et pour cet effet, à l'aide de certains quidams factieux, prenant les surnoms de Gassendistes, Cartésiens, Mallebranchistes, et Pourchotistes, gens sans aveu, se seroit mise en état d'en expulser ledit Aristote, ancien et paisible possesseur desdites écoles, contre lequel elle et ses consorts auroient déjà publié plusieurs livres, traités, dissertations, et raisonnements diffamatoires, voulant assujettir ledit Aristote à subir devant elle l'examen de sa doctrine; ce qui seroit directement opposé aux lois, us, et coutumes de ladite université, où ledit Aristote auroit toujours été reconnu pour juge, sans appel et non comptable de ses opinions. Que même, sans l'aveu d'icelui, elle auroit changé et innové plusieurs choses en et au-dedans de la nature, ayant ôté au cœur la prérogative d'être le principe des nerfs, que ce philosophe lui avoit accordée libéralement et de son bon gré, et laquelle elle auroit cédée et transportée au cerveau. Et ensuite, par une procédure nulle de toute nullité, auroit attribué audit cœur la charge de recevoir le chyle, appartenant ci-devant au foie; comme aussi de faire voiturer le sang par tout le corps, avec plein pouvoir audit sang d'y vaguer, errer, et circuler impunément par les veines et artères, n'ayant autre droit ni titre pour faire lesdites vexations, que la seule expérience, dont le témoignage n'a jamais été reçu dans lesdites écoles. Auroit aussi attenté ladite Raison, par une entreprise inouïe, de déloger le feu de la plus haute région du ciel, et prétendu qu'il n'avoit là aucun domicile, nonobstant les certificats dudit philosophe, et les visites et descentes faites par lui sur les lieux. Plus, par un attentat et voie de fait énorme contre la faculté de médecine, se seroit ingérée de guérir, et auroit réellement et de fait guéri quantité de fièvres intermittentes, comme tierces, double-tierces, quartes, triple-quartes, et même continues, avec vin pur, poudre, écorce de quinquina, et autres drogues inconnues audit Aristote, et à Hippocrate son devancier, et ce sans saignée, purgation, ni évacuation précédentes; ce qui est non seulement irrégulier, mais tortionnaire et abusif; ladite Raison n'ayant jamais été admise ni agrégée au corps de ladite faculté, et ne pouvant par conséquent consulter avec les docteurs d'icelle, ni être consultée par eux, comme elle ne l'a en effet jamais été. Nonobstant quoi, et malgré les plaintes et oppositions réitérées des sieurs Blondel, Courtois, Denyau [1], et autres défenseurs de la bonne doctrine, elle n'auroit pas laissé de se servir toujours desdites drogues, ayant eu la hardiesse de les employer sur les médecins mêmes de ladite faculté, dont plusieurs, au grand scandale des règles, ont été guéris par lesdits remèdes : ce qui est un exemple très dangereux, et ne peut avoir été fait que par mauvaises voies, sortilèges, et pactes avec le diable. Et, non contente de ce, auroit entrepris de diffamer et de bannir des écoles de philosophie les *formalités, matérialités, entités, identités, virtualités, eccéités, pétréités, polycarpéités,* et autres êtres imaginaires, tous enfants et ayant cause de défunt maître Jean Scot leur père; ce qui porteroit un préjudice notable, et causeroit la totale subversion de la philosophie scolas-

[1] Blondel a écrit que le bon effet du quinquina venoit des pactes que les Américains avoient faits avec le diable. Courtois, médecin, aimoit fort la saignée. Denyau, autre médecin, nioit la circulation du sang. (Boil.)

tique, dont elles font tout le mystère, et qui tire d'elles toute sa subsistance, s'il n'y étoit par la cour pourvu. Vu les libelles intitulés : Physique de Rohault, Logique de Port-Royal, Traités du Quinquina, même l'Adversus Aristoteleos de Gassendi, et autres pièces attachées à ladite requête signée Chicaneau, procureur de ladite université. Ouï le rapport du conseiller-commis : Tout considéré,

La cour, ayant égard à ladite requête, a maintenu et gardé, maintient et garde ledit Aristote en la pleine et paisible possession et jouissance desdites écoles. Ordonne qu'il sera toujours suivi et enseigné par les régents, docteurs, maîtres-ès-arts, et professeurs de ladite université, sans que pour ce ils soient obligés de le lire, ni de savoir sa langue et ses sentiments. Et sur le fond de sa doctrine, les renvoie à leurs cahiers. Enjoint au cœur de continuer d'être le principe des nerfs; et à toutes personnes, de quelque condition et profession qu'elles soient, de le croire tel, nonobstant toute expérience à ce contraire. Ordonne pareillement au chyle d'aller droit au foie, sans plus passer par le cœur, et au foie de le recevoir. Fait défense au sang d'être plus vagabond, errer ni circuler dans le corps, sous peine d'être entièrement livré et abandonné à la faculté de médecine. Défend à la Raison et à ses adhérents de plus s'ingérer à l'avenir de guérir les fièvres tierces, double-tierces, quartes, triple-quartes, ni continues, par mauvais moyens et voies de sortiléges, comme vin pur, poudre, écorce de quinquina, et autres drogues non approuvées ni connues des anciens. Et en cas de guérisons irrégulières par icelles drogues, permet aux médecins de ladite faculté de rendre, suivant leur méthode ordinaire, la fièvre aux malades, avec casse, séné, sirops, juleps, et autres remèdes propres à ce, et de remettre lesdits malades en tel et semblable état qu'ils étoient auparavant, pour être ensuite traités selon les règles; et, s'ils n'en réchappent, conduits du moins en l'autre monde, suffisamment purgés et évacués. Remet les *entités*, *identités*, *virtualités*, *eccéités*, et autres pareilles formules scotistes, en leur bonne fame et renommée. A donné acte aux sieurs Blondel, Courtois, et Denyau, de leur opposition au bon sens. A réintégré le feu dans la plus haute région du ciel, suivant et conformément aux descentes faites sur les lieux. Enjoint à tous régents, maîtres-ès-arts, et professeurs, d'enseigner comme ils ont accoutumé, et de se servir, pour raison de ce, de tels raisonnements qu'ils aviseront bon être; et aux répétiteurs hibernois, et autres leurs suppôts, de leur prêter main-forte, et de courir sus aux contrevenants, à peine d'être privés du droit de disputer sur les prolégomènes de la logique. Et afin qu'à l'avenir il n'y soit contrevenu, a banni à perpétuité la Raison des écoles de ladite université; lui fait défense d'y entrer, troubler, ni inquiéter ledit Aristote en la possession et jouissance d'icelles, à peine d'être déclarée janséniste et amie des nouveautés. Et à cet effet sera le présent arrêt lu et publié aux Mathurins [1] de Stagire, à la première assemblée qui sera faite pour la procession du rhéteur, et affiché aux portes de tous les collèges du Parnasse, et partout où besoin sera. Fait ce trente-huitième jour d'août mil six cent soixante-quinze.

COLLATIONNÉ AVEC PARAPHE.

[1] Quand le Recteur faisoit ses processions, l'université s'assembloit aux Mathurins.

REMERCIEMENT
A MESSIEURS
DE L'ACADÉMIE FRANÇOISE.
(3 JUILLET 1684[1].)

MESSIEURS,

L'honneur que je reçois aujourd'hui est quelque chose pour moi de si grand, de si extraordinaire, de si peu attendu, et tant de fortes raisons sembloient devoir pour jamais m'en exclure [2],

---

[1] La mort de Colbert, arrivée le 6 septembre 1683, laissoit une place vacante à l'académie françoise. Mais Boileau ne voulant pas faire les démarches requises des candidats en pareille circonstance, La Fontaine lui fut préféré. Le roi, qui desiroit y voir Boileau, offensé de cette préférence, refusa de sanctionner la nomination de La Fontaine, et partit pour faire la campagne de Luxembourg. Cependant M. de Bezons, l'un des membres de l'académie, étant mort peu de temps après, Boileau fut nommé, sans l'avoir demandé; et le roi, en approuvant cette nomination, confirma celle de La Fontaine.

[2] L'auteur avoit écrit contre plusieurs académiciens. (B.)

que, dans le moment même où je vous en fais mes remerciements, je ne sais encore ce que je dois croire. Est-il possible, est-il bien vrai que vous m'ayez en effet jugé digne d'être admis dans cette illustre compagnie, dont le fameux établissement ne fait guère moins d'honneur à la mémoire du cardinal de Richelieu, que tant de choses merveilleuses qui ont été exécutées sous son ministère? Et que penseroit ce grand homme, que penseroit ce sage chancelier qui a possédé après lui la dignité de votre protecteur, et après lequel vous avez jugé ne pouvoir choisir d'autre protecteur que le roi même; que penseroient-ils, dis-je, s'ils me voyoient aujourd'hui entrer dans ce corps si célèbre, l'objet de leurs soins et de leur estime, et où, par les lois qu'ils ont établies, par les maximes qu'ils ont maintenues, personne ne doit être reçu qu'il ne soit d'un mérite sans reproche, d'un esprit hors du commun, en un mot, semblable à vous? Mais à qui est-ce encore que je succède dans la place que vous m'y donnez? N'est-ce pas à un homme [1] également

---

[1] M. de Bezons, conseiller d'Etat. (BOIL.) — Il a laissé quelques ouvrages dont on trouve le catalogue dans l'Histoire de l'Académie françoise.

considérable et par ses grands emplois et par sa profonde capacité dans les affaires; qui tenoit une des premières places dans le conseil, et qui en tant d'importantes occasions a été honoré de la plus étroite confiance de son prince; à un magistrat non moins sage qu'éclairé, vigilant, laborieux, et avec lequel, plus je m'examine, moins je me trouve de proportion?

Je sais bien, messieurs, et personne ne l'ignore, que, dans le choix que vous faites des hommes propres à remplir les places vacantes de votre savante assemblée, vous n'avez égard ni au rang ni à la dignité; que la politesse, le savoir, la connoissance des belles-lettres, ouvrent chez vous l'entrée aux honnêtes gens; et que vous ne croyez point remplacer indignement un magistrat du premier ordre, un ministre de la plus haute élévation, en lui substituant un poëte célèbre, un écrivain illustre par ses ouvrages, et qui n'a souvent d'autre dignité que celle que son mérite lui donne sur le Parnasse. Mais, en qualité même d'homme de lettres, que puis-je vous offrir qui soit digne de la grace dont vous m'honorez? Seroit-ce un foible recueil de poésies, qu'une témérité heureuse, et quelque adroite imitation des anciens, ont fait valoir, plutôt que la beauté des pensées, ni la richesse des expressions? Seroit-ce une traduction si éloignée de ces grands chefs-d'œuvre que vous nous donnez tous les jours, et où vous faites si glorieusement revivre les Thucydide, les Xénophon, les Tacite, et tous ces autres célèbres héros de la savante antiquité? Non, messieurs, vous connoissez trop bien la juste valeur des choses, pour payer d'un si grand prix des ouvrages aussi médiocres que les miens, et pour m'offrir de vous-mêmes, s'il faut ainsi dire, sur un si léger fondement, un honneur que la connoissance de mon peu de mérite ne m'a pas laissé seulement la hardiesse de demander.

Quelle est donc la raison qui vous a pu inspirer si heureusement pour moi en cette rencontre? Je commence à l'entrevoir, et j'ose me flatter que je ne vous ferai point souffrir en la publiant. La bonté qu'a eue le plus grand prince du monde, en voulant bien que je m'employasse avec un de vos plus illustres écrivains à ramasser en un corps le nombre infini de ses actions immortelles; cette permission, dis-je, qu'il m'a donnée, m'a tenu lieu auprès de vous de toutes les qualités qui me manquent. Elle vous a entièrement déterminés en ma faveur. Oui, messieurs, quelque juste sujet qui dût pour jamais m'interdire l'entrée de votre académie, vous n'avez pas cru qu'il fût de votre équité de souffrir qu'un homme destiné à parler de si grandes choses, fût privé de l'utilité de vos leçons, ni instruit en d'autre école qu'en la vôtre. Et en cela vous avez bien fait voir que, lorsqu'il s'agit de votre auguste protecteur, quelque autre considération qui vous pût retenir d'ailleurs, votre zèle ne vous laisse plus voir que le seul intérêt de sa gloire.

Permettez pourtant que je vous désabuse, si vous vous êtes persuadés que ce grand prince, en m'accordant cette grace, ait cru rencontrer en moi un écrivain capable de soutenir en quelque sorte, par la beauté du style et par la magnificence des paroles, la grandeur de ses exploits. C'est à vous, messieurs; c'est à des plumes comme les vôtres, qu'il appartient de faire de tels chefs-d'œuvre; et il n'a jamais conçu de moi une si avantageuse pensée. Mais comme tout ce qui s'est fait sous son règne tient beaucoup du miracle et du prodige, il n'a pas trouvé mauvais qu'au milieu de tant d'écrivains célèbres, qui s'apprêtent à l'envi à peindre ses actions dans tout leur éclat et avec tous les ornements de l'éloquence la plus sublime, un homme sans fard, et accusé plutôt de trop de sincérité que de flatterie, contribuât de son travail et de ses conseils à bien mettre en jour, et dans toute la naïveté du style le plus simple, la vérité de ses actions, qui, étant si peu vraisemblables d'elles-mêmes, ont bien plus besoin d'être fidèlement écrites, que fortement exprimées.

En effet, messieurs, lorsque des orateurs et des poëtes, ou des historiens même aussi entreprenants quelquefois que les poëtes et les orateurs, viendront à déployer sur une matière si heureuse toutes les hardiesses de leur art, toute la force de leurs expressions; quand ils diront de Louis-le-Grand, à meilleur titre qu'on ne l'a dit d'un fameux capitaine de l'antiquité, qu'il a lui seul fait plus d'exploits que les autres n'en ont lu [1]; qu'il a pris plus de villes que les autres rois n'ont souhaité d'en prendre; quand ils assureront qu'il n'y a point de potentat sur la terre,

---

[1] Mot fameux de Cicéron en parlant de Pompée: « Plura bella gessit, quam cæteri legerunt. » (Pro Lege Manilia.) (Boil.)

quelque ambitieux qu'il puisse être, qui, dans les vœux secrets qu'il fait au ciel, ose lui demander autant de prospérités et de gloire que le ciel en a accordé libéralement à ce prince ; quand ils écriront que sa conduite est maîtresse des événements ; que la Fortune n'oseroit contredire ses desseins ; quand ils le peindront à la tête de ses armées, marchant à pas de géant au travers des fleuves et des montagnes ; foudroyant les remparts, brisant les rocs, terrassant tout ce qui s'oppose à sa rencontre : ces expressions paroîtront sans doute grandes, riches, nobles, accommodées au sujet ; mais, en les admirant, on ne se croira pas obligé d'y ajouter foi ; et la vérité, sous ces ornements pompeux, pourra aisément être désavouée ou méconnue.

Mais lorsque des écrivains sans artifice, se contentant de rapporter fidèlement les choses, et avec toute la simplicité de témoins qui déposent, plutôt même que des historiens qui racontent, exposeront bien tout ce qui s'est passé en France depuis la fameuse paix des Pyrénées ; tout ce que le roi a fait pour rétablir dans ses états l'ordre, les lois, la discipline ; quand ils compteront bien toutes les provinces que dans les guerres suivantes il a ajoutées à son royaume, toutes les villes qu'il a conquises, tous les avantages qu'il a eus, toutes les victoires qu'il a remportées sur ses ennemis : l'Espagne, la Hollande, l'Allemagne, l'Europe entière trop foible contre lui seul; une guerre toujours féconde en prospérités, une paix encore plus glorieuse ; quand, dis-je, des plumes sincères, et plus soigneuses de dire vrai que de se faire admirer, articuleront bien tous ces faits disposés dans l'ordre des temps, et accompagnés de leurs véritables circonstances : qui est-ce qui en pourra disconvenir, je ne dis pas de nos voisins, je ne dis pas de nos alliés, je dis de nos ennemis mêmes? Et quand ils n'en voudroient pas tomber d'accord, leurs puissances diminuées, leurs états resserrés dans des bornes plus étroites ; leurs plaintes, leurs jalousies, leurs fureurs, leurs invectives même, ne les en convaincront-ils pas malgré eux? Pourront-ils nier que, l'année même où je parle, ce prince voulant les contraindre d'accepter la paix, qu'il leur offroit pour le bien de la chrétienté, il a tout-à-coup, et lorsqu'ils le publioient entièrement épuisé d'argent et de forces, il a, dis-je, tout-à-coup fait sortir comme de terre, dans les Pays-Bas, deux armées de quarante mille hommes chacune, et les y a fait subsister abondamment, malgré la disette des fourrages et la sécheresse de la saison? Pourront-ils nier que, tandis que avec une de ses armées il faisoit assiéger Luxembourg, lui-même avec l'autre, tenant toutes les villes du Hainaut et du Brabant comme bloquées, par cette conduite toute merveilleuse, ou plutôt par une espèce d'enchantement semblable à celui de cette tête si célèbre dans les fables, dont l'aspect convertissoit les hommes en rochers, il a rendu les Espagnols immobiles spectateurs de la prise de cette place si importante, où ils avoient mis leur dernière ressource; que, par un effet non moins admirable d'un enchantement si prodigieux, cet opiniâtre ennemi de sa gloire, cet industrieux artisan de ligues et de querelles, qui travailloit depuis si long-temps à remuer contre lui toute l'Europe, s'est trouvé lui-même dans l'impuissance, pour ainsi dire, de se mouvoir, lié de tous côtés, et réduit pour toute vengeance à semer des libelles, à pousser des cris et des injures? Nos ennemis, je le répète, pourront-ils nier toutes ces choses? Pourront-ils ne pas avouer qu'au même temps que ces merveilles s'exécutoient dans les Pays-Bas, notre armée navale sur la mer Méditerranée, après avoir forcé Alger à demander la paix, faisoit sentir à Gênes, par un exemple à jamais terrible, la juste punition de ses insolences et de ses perfidies; ensevelissoit sous les ruines de ses palais et de ses maisons cette superbe ville, plus aisée à détruire qu'à humilier? Non, sans doute, nos ennemis n'oseroient démentir des vérités si reconnues, sur-tout lorsqu'ils les verront écrites avec cet air simple et naïf, et dans ce caractère de sincérité et de vraisemblance, qu'au défaut des autres choses, je ne désespère pas absolument de pouvoir, au moins en partie, fournir à l'histoire.

Mais comme cette simplicité même, tout ennemie qu'elle est de l'ostentation et du faste, a pourtant son art, sa méthode, ses agréments; où pourrois-je mieux puiser cet art et ces agréments, que dans la source même de toutes les délicatesses; dans cette académie qui tient depuis si long-temps en sa possession tous les trésors, toutes les richesses de notre langue? C'est donc, messieurs, ce que j'espère aujourd'hui trouver parmi vous; c'est ce que j'y viens étudier, c'est ce que j'y viens apprendre. Heureux si, par mon assiduité à vous cultiver, par mon adresse à vous faire parler sur ces matières, je puis vous engager à ne me rien cacher de vos connôissances et de vos secrets! Plus heureux encore, si par mes respects et par mes sincères soumissions, je puis parfaitement vous convaincre de l'extrême reconnoissance que j'aurai toute ma vie de l'honneur inespéré que vous m'avez fait!

DISCOURS

SUR

LE STYLE DES INSCRIPTIONS.[1]

Les inscriptions doivent être simples, courtes, et familières. La pompe ni la multitude des paroles n'y valent rien, et ne sont point propres au style grave, qui est le vrai style des inscriptions. Il est absurde de faire une déclamation autour d'une médaille ou au bas d'un tableau, sur-tout lorsqu'il s'agit d'actions comme celles du

[1] M. Charpentier, de l'académie françoise, ayant composé des inscriptions pleines d'emphase, qui furent mises par ordre du roi au bas des tableaux des victoires de ce prince, peints dans la grande galerie de Versailles par M. Le Brun, M. de Louvois, qui succéda à M. Colbert dans la charge de surintendant des bâtiments, fit entendre à sa majesté que ces inscriptions déplaisoient fort à tout le monde, et pour mieux lui montrer que c'étoit avec raison, me pria de faire sur cela un mot d'écrit qu'il

roi, qui, étant d'elles-mêmes toutes grandes et toutes merveilleuses, n'ont pas besoin d'être exagérées.

Il suffit d'énoncer simplement les choses, pour les faire admirer. « Le passage du Rhin » dit beaucoup plus que « le merveilleux passage du Rhin. » L'épithète de MERVEILLEUX en cet endroit, bien loin d'augmenter l'action, la diminue, et sent son déclamateur qui veut grossir de petites choses. C'est à l'inscription à dire, « Voilà le passage du Rhin; » et celui qui lit saura bien dire sans elle : « Le passage du Rhin est une des plus « merveilleuses actions qui aient jamais été faites « dans la guerre. » Il le dira même d'autant plus volontiers, que l'inscription ne l'aura pas dit avant lui, les hommes naturellement ne pouvant

pût montrer au roi. Ce que je fis aussitôt. Sa majesté lut cet écrit avec plaisir, et l'approuva : de sorte que la saison l'appelant à Fontainebleau, il ordonna qu'en son absence on ôtât toutes ces pompeuses déclamations de M. Charpentier, et qu'on y mît les inscriptions simples qui y sont, que nous composâmes presque sur-le-champ M. Racine et moi, et qui furent approuvées de tout le monde. C'est cet écrit, fait à la prière de M. de Louvois, que je donne ici au public. (BOIL.)

souffrir qu'on prévienne leur jugement, ni qu'on leur impose la nécessité d'admirer ce qu'ils admireront assez d'eux-mêmes.

D'ailleurs, comme les tableaux de la galerie de Versailles sont des espèces d'emblèmes héroïques des actions du roi, il ne faut dans les règles que mettre au bas du tableau le fait historique qui a donné occasion à l'emblème. Le tableau doit dire le reste, et s'expliquer tout seul. Ainsi, par exemple, lorsqu'on aura mis au bas du premier tableau : « Le roi prend lui-même la con- « duite de son royaume, et se donne tout entier « aux affaires, 1661; » il sera aisé de concevoir le dessein du tableau, où l'on voit le roi fort jeune, qui s'éveille au milieu d'une foule de Plaisirs dont il est environné, et qui, tenant de la main un timon, s'apprête à suivre la Gloire qui l'appelle, etc.

Au reste, cette simplicité d'inscription est extrêmement du goût des anciens, comme on le peut voir dans les médailles, où ils se contentoient souvent de mettre pour toute explication la date de l'action qui est figurée, ou le consulat sous lequel elle a été faite, ou tout au plus deux mots qui apprennent le sujet de la médaille.

Il est vrai que la langue latine dans cette simplicité a une noblesse et une énergie [1] qu'il est difficile d'attraper en notre langue : mais si l'on n'y peut atteindre, il faut s'efforcer d'en approcher, et tout du moins ne pas charger nos inscriptions d'un verbiage et d'une enflure de paroles, qui, étant fort mauvaise par-tout ailleurs, devient sur-tout insupportable en ces endroits.

Ajoutez à tout cela que ces tableaux étant dans l'appartement du roi, et ayant été faits par son ordre, c'est en quelque sorte le roi lui-même qui parle à ceux qui viennent voir sa galerie. C'est pour ces raisons qu'on a cherché une grande simplicité dans les nouvelles inscriptions, où l'on ne met proprement que le titre et la date, et où l'on a sur-tout évité le faste et l'ostentation.

[1] Voy., tome IV, la lettre de Boileau à Brossette, du 15 mai 1705.

ÉPITAPHE DE RACINE [1].

(1699.)

D. O. M.

Hic jacet vir nobilis Joannes Racine, Franciæ thesauris præfectus, regi a secretis atque a cubiculo, nec non unus e quadraginta gallicanæ academiæ viris: qui, postquam profana tragœdiarum argumenta diu cum ingenti hominum admiratione tractasset, musas tandem suas uni Deo consecravit; omnemque ingenii vim in eo laudando contulit, qui solus laude dignus est. Quum eum vitæ negotiorumque rationes multis nobilibus aulæ tenerent addictum, tamen in frequenti hominum commercio omnia pietatis ac religionis officia coluit. A christiano rege Ludovico magno selectus una cum familiari ipsius amico fuerat, qui res, eo regnante, præclare

---

[1] Voy. les mémoires de Louis Racine sur la vie de son père. In fine.

ac mirabiliter gestas præscriberet. Huic intentus operi, repente in gravem æque ac diuturnum morbum implicitus est; tandemque ab hac sede miseriarum in melius domicilium translatus anno ætatis suæ LIX. Qui mortem longo adhuc intervallo remotam valde horruerat, ejusdem præsentis adspectum placida fronte sustinuit; obiitque spe multo magis et piâ in Deum fiducia erectus, quam fractus metu. Ea jactura omnes illius amicos, quorum nonnulli inter regni primores eminebant, acerbissimo dolore perculit. Manavit etiam ad ipsum regem tanti viri desiderium. Fecit modestia ejus singularis, et præcipua in hanc Portus-Regii domum benevolentia, ut in ea sepeliri voluerit, ideoque testamento cavit, ut corpus suum, juxta piorum hominum, qui hic sunt, corpora, humaretur.

Tu vero quicumque es, quem in hanc domum pietas adducit, tuæ ipse mortalitatis ad hunc adspectum recordare, et clarissimam tanti viri memoriam precibus potius quam elogiis prosequere.

D. O. M.

« Ici repose le corps de messire Jean Racine,
« trésorier de France, secrétaire du roi, gentil-
« homme ordinaire de sa chambre, et l'un des

« quarante de l'académie françoise : qui, après
« avoir long-temps charmé la France par ses
« excellentes poésies profanes, consacra ses muses
« à Dieu, et les employa uniquement à louer le
« seul objet digne de louange. Les raisons indis-
« pensables qui l'attachoient à la cour, l'empê-
« chèrent de quitter le monde ; mais elles ne l'em-
« pêchèrent pas de s'acquitter, au milieu du
« monde, de tous les devoirs de la piété et de la
« religion. Il fut choisi avec un de ses amis [1] par
« le roi Louis-le-Grand pour rassembler en un
« corps d'histoire les merveilles de son règne, et
« il étoit occupé à ce grand ouvrage, lorsque
« tout-à-coup il fut attaqué d'une longue et
« cruelle maladie, qui à la fin l'enleva de ce sé-
« jour de misères, en sa cinquante-neuvième an-
« née. Bien qu'il eût extrêmement redouté la mort
« lorsqu'elle étoit encore loin de lui, il la vit de
« près sans s'étonner, et mourut beaucoup plus
« rempli d'espérance que de crainte, dans une
« entière résignation à la volonté de Dieu. Sa
« perte toucha sensiblement ses amis, entre les-
« quels il pouvoit compter les premières per-

[1] Boileau Despréaux.

« sonnes du royaume, et il fut regretté du roi
« même [1]. Son humilité, et l'affection particu-
« lière qu'il eut toujours pour cette maison de
« Port-Royal-des-Champs, lui firent souhaiter
« d'être enterré sans aucune pompe dans ce cime-
« tière avec les humbles serviteurs de Dieu qui y
« reposent, et auprès desquels il a été mis, selon
« qu'il l'avoit ordonné par son testament.

« O toi, qui que tu sois, que la piété attire en
« ce saint lieu, plains dans un si excellent homme
« la triste destinée de tous les mortels; et, quel-
« que grande idée que puisse te donner de lui sa
« réputation, souviens-toi que ce sont des prières
« et non pas des éloges qu'il te demande. »

[1] Voy., tome IV, la lettre de Boileau, du 9 mai 1699.

LES HÉROS DE ROMAN,

DIALOGUE.

DISCOURS

SUR LE DIALOGUE SUIVANT.

(1710.)

Le dialogue qu'on donne ici au public a été composé à l'occasion de cette prodigieuse multitude de romans qui parurent vers le milieu du siècle précédent, et dont voici en peu de mots l'origine. Honoré d'Urfé [1], homme de fort grande qualité dans le Lyonnois, et très enclin à l'amour, voulant faire valoir un grand nombre de vers qu'il avoit composés pour ses maîtresses, et rassembler en un corps plusieurs aventures

---

[1] Comte de Château-Neuf, et marquis de Valromey, étoit le cinquième des fils de Jacques Ier du nom, seigneur d'Urfé, de la Bastie, et de Saint-Just, chevalier de l'ordre du roi, lieutenant de M. le dauphin, gouverneur et bailli de Forez, et de Renée de Savoie, marquise de Beaugé, et petit-fils de Claude, seigneur d'Urfé, chevalier de l'ordre du roi, gouverneur de la personne, ensuite chef et surintendant de la maison du roi Henri II, gouverneur et bailli

amoureuses qui lui étoient arrivées, s'avisa d'une invention très agréable. Il feignit que dans le Forez, petit pays contigu à la Limagne d'Auvergne, il y avoit eu, du temps de nos premiers rois [1], une troupe de bergers et de bergères, qui habitoient sur les bords de la rivière du Lignon, et qui, assez accommodés des biens de la fortune, ne laissoient pas néanmoins, par un simple amusement, et pour leur seul plaisir, de mener paître eux-mêmes leurs troupeaux. Tous ces bergers et toutes ces bergères étant d'un fort grand loisir, l'Amour, comme on le peut penser, et comme il le raconte lui-même, ne tarda guère à les y venir troubler, et produisit quantité

---

de Forez, ambassadeur à Rome et au concile de Trente. Il fut d'abord chevalier de Malte, et fit même ses vœux. Ensuite il épousa Diane de Château-Morand, séparée d'avec son frère pour cause d'impuissance, de laquelle il étoit amoureux depuis long-temps, et qu'il a désignée dans son roman, sous les noms d'ASTRÉE et de DIANE, comme il s'y est caché lui-même sous ceux de CÉLADON et de SYLVANDRE. Il mourut vers l'an 1624, âgé d'environ cinquante-deux ans.

[1] A la fin du cinquième siècle et au commencement du sixième.

d'événements considérables. D'Urfé y fit arriver toutes ses aventures, parmi lesquelles il en mêla beaucoup d'autres, et enchâssa les vers dont j'ai parlé, qui, tout méchants qu'ils étoient, ne laissèrent pas d'être soufferts, et de passer, à la faveur de l'art avec lequel il les mit en œuvre. Car il soutint tout cela d'une narration également vive et fleurie ; de fictions très ingénieuses, et de caractères aussi finement imaginés qu'agréablement variés et bien suivis. Il composa ainsi un roman qui lui acquit beaucoup de réputation, et qui fut fort estimé, même des gens du goût le plus exquis, bien que la morale en fût fort vicieuse, ne prêchant que l'amour et la mollesse, et allant quelquefois jusqu'à blesser un peu la pudeur. Il en fit quatre volumes[1], qu'il intitula *Astrée*[2], du nom de la plus belle de ses bergères : et sur ces entrefaites étant mort,

---

[1] Le premier parut en 1610 ; le second, dix ans après ; le troisième, quatre ou cinq ans après le second. La quatrième partie étoit achevée lorsque l'auteur mourut.

[2] C'étoit Diane de Château-Morand. Voyez les ÉCLAIRCISSEMENTS de M. Patru sur l'HISTOIRE DE L'ASTRÉE, et la DISSERTATION XII de M. Huet.

Baro son ami [1], et, selon quelques uns, son domestique, en composa, sur ses mémoires, un cinquième tome, qui en formoit la conclusion, et qui ne fut guère moins bien reçu que les quatre autres volumes. Le grand succès de ce roman échauffa si bien les beaux esprits d'alors, qu'ils en firent à son imitation quantité de semblables, dont il y en avoit même de dix et de douze volumes : et ce fut quelque temps comme une espèce de débordement sur le Parnasse. On vantoit sur-tout ceux de Gomberville [2], de La Calprenéde, de Desmarais, et de Scudéri ; mais ces imitateurs, s'efforçant mal-à-propos d'enchérir sur leur original, et prétendant ennoblir

[1] Baltazar Baro, qui avoit été son secrétaire, selon l'auteur de l'Histoire de l'Académie françoise, et qui publia la cinquième partie de l'Astrée en 1627, étoit de Valence en Dauphiné. Il se maria à Paris, et fut gentilhomme de mademoiselle Anne-Marie-Louise d'Orléans, fille de Gaston. Outre le cinquième tome de l'Astrée, nous avons de lui plusieurs pièces de théâtre.

[2] Marin Le Roi, sieur de Gomberville, auteur du Polexandre, de la Cythérée, et d'Alcidiane, mourut le 14 juin 1674, âgé d'environ soixante-quatorze ans. (Voyez le supplément au nécrologe de Port-Royal.)

ses caractères, tombèrent, à mon avis, dans une très grande puérilité. Car, au lieu de prendre comme lui pour leurs héros des bergers occupés du seul soin de gagner le cœur de leurs maîtresses, ils prirent, pour leur donner cette étrange occupation, non seulement des princes et des rois, mais les plus fameux capitaines de l'antiquité, qu'ils peignirent pleins du même esprit que ces bergers, ayant, à leur exemple, fait comme une espèce de vœu de ne parler jamais et de n'entendre jamais parler que d'amour. De sorte qu'au lieu que d'Urfé, dans son ASTRÉE, de bergers très frivoles, avoit fait des héros de roman considérables, ces auteurs, au contraire, des héros les plus considérables de l'histoire, firent des bergers très frivoles, et quelquefois même des bourgeois [1], encore plus frivoles que ces bergers. Leurs ouvrages néanmoins ne laissèrent pas de trouver un nombre infini d'admirateurs, et eurent long-temps une fort grande vogue. Mais ceux qui s'attirèrent le plus d'ap-

---

[1] Les auteurs de ces romans, sous le nom de ces héros, peignoient quelquefois le caractère de leurs amis particuliers, gens de peu de conséquence. (BOIL.)

plaudissement, ce furent le Cyrus et la Clélie de mademoiselle de Scudéri, sœur de l'auteur du même nom. Cependant non seulement elle tomba dans la même puérilité, mais elle la poussa encore à un plus grand excès. Si bien qu'au lieu de représenter, comme elle devoit, dans la personne de Cyrus, un roi promis par les prophètes, tel qu'il est exprimé dans la Bible; ou, comme le peint Hérodote, le plus grand conquérant que l'on eût encore vu; ou enfin tel qu'il est figuré dans Xénophon, qui a fait, aussi bien qu'elle, un roman de la vie de ce prince; au lieu, dis-je, d'en faire un modèle de toute perfection, elle en composa un *Artamène*, plus fou que tous les *Céladon* et tous les *Sylvandre* [1]; qui n'est occupé que du seul soin de sa *Mandane*, qui ne fait du matin au soir que lamenter, gémir, et filer le parfait amour. Elle a encore fait pis dans son autre roman, intitulé Clélie, où elle représente tous les héros de la république romaine naissante, les Horatius Coclès, les Mutius Scévola, les Clélie, les Lucrèce, les Brutus, encore plus amoureux qu'Artamène, ne s'occupant qu'à tra-

---

[1] Berger du roman de l'Astrée.

cer des cartes géographiques d'amour [1]; qu'à se proposer les uns aux autres des questions et des énigmes galantes; en un mot, qu'à faire tout ce qui paroît le plus opposé au caractère, et à la gravité héroïque de ces premiers Romains. Comme j'étois fort jeune dans le temps que tous ces romans, tant ceux de mademoiselle de Scudéri que ceux de La Calprenéde, et de tous les autres, faisoient le plus d'éclat, je les lus, ainsi que les lisoit tout le monde, avec beaucoup d'admiration, et je les regardai comme des chefs-d'œuvre de notre langue. Mais enfin mes années étant accrues, et la raison m'ayant ouvert les yeux, je reconnus la puérilité de ces ouvrages. Si bien que l'esprit satirique commençant à dominer en moi, je ne me donnai point de repos que je n'eusse fait contre ces romans un dialogue à la manière de Lucien, où j'attaquois non seulement leur peu de solidité, mais leur afféterie précieuse de langage, leurs conversations vagues et frivoles, les portraits avantageux faits, à cha-

---

[1] La carte du pays de Tendre, dans la première partie du roman de CLÉLIE.

que bout de champ, de personnes de très médiocre beauté, et quelquefois même laides par excès, et tout ce long verbiage d'amour, qui n'a point de fin. Cependant, comme mademoiselle de Scudéri étoit alors vivante, je me contentai de composer ce dialogue dans ma tête; et, bien loin de le faire imprimer, je gagnai même sur moi de ne point l'écrire, et de ne le point laisser voir sur le papier, ne voulant pas donner ce chagrin à une fille qui, après tout, avoit beaucoup de mérite, et qui, s'il en faut croire tous ceux qui l'ont connue, nonobstant la mauvaise morale enseignée dans ses romans, avoit encore plus de probité et d'honneur que d'esprit. Mais aujourd'hui qu'enfin la mort *l'a rayée du nombre des humains* [1], elle et tous les autres compositeurs de romans, je crois qu'on ne trouvera pas mauvais que je donne au public mon *dialogue*, tel que je l'ai retrouvé dans ma mémoire. Cela me paroît d'autant plus nécessaire, qu'en ma jeunesse l'ayant récité plusieurs fois dans des compagnies

---

[1] Madeleine de Scudéri mourut à Paris, le 2 juin 1701, âgée de quatre-vingt-quinze ans.

où il se trouvoit des gens qui avoient beaucoup de mémoire, ces personnes en ont retenu plusieurs lambeaux, dont elles ont ensuite composé un ouvrage qu'on a ensuite distribué sous le nom de Dialogue de M. Despréaux[1], et qui a été imprimé plusieurs fois dans les pays étrangers. Mais enfin le voici donné de ma main. Je ne sais s'il s'attirera les mêmes applaudissements qu'il s'attiroit autrefois dans les fréquents récits que j'étois obligé d'en faire. Car, outre qu'en le récitant, je donnois à tous les personnages que j'y introduisois le ton qui leur convenoit, ces romans étant alors lus de tout le monde, on concevoit aisément la finesse des railleries qui y sont; mais maintenant que les voilà tombés dans l'oubli, et qu'on ne les lit presque plus, je doute que mon Dialogue fasse le même effet. Ce que je sais pourtant à n'en point douter, c'est que tous les gens d'esprit et de véritable vertu me rendront justice, et reconnoîtront sans peine que, sous le voile d'une fiction en apparence

[1] Voyez la lettre de Boileau à Brossette, du 27 mars 1704.

extrêmement badine, folle, outrée, où il n'arrive rien qui soit dans la vérité et dans la vraisemblance, je leur donne peut-être ici le moins frivole ouvrage qui soit encore sorti de ma plume.

LES HÉROS
DE ROMAN,

DIALOGUE A LA MANIÈRE DE LUCIEN.

MINOS, *sortant du lieu où il rend la justice, proche le palais de Pluton.*

Maudit soit l'impertinent harangueur qui m'a tenu toute la matinée ! Il s'agissoit d'un méchant drap qu'on a dérobé à un savetier en passant le fleuve, et jamais je n'ai tant ouï parler d'Aristote. Il n'y a point de loi qu'il ne m'ait citée.

PLUTON.

Vous voilà bien en colère, Minos !

MINOS.

Ah ! c'est vous, roi des enfers ! Qui vous amène ?

PLUTON.

Je viens ici pour vous en instruire; mais auparavant, peut-on savoir quel est cet avocat qui vous a si doctement ennuyé ce matin : est-ce que Huot et Martinet sont morts ?

MINOS.

Non, grace au ciel : mais c'est un jeune mort, qui a été sans doute à leur école. Bien qu'il n'ait dit que des sottises, il n'en a avancé pas une qu'il n'ait appuyée de l'autorité de tous les anciens ; et, quoiqu'il les fît parler de la plus mauvaise grace du monde, il leur a donné à tous en les citant de la galanterie, de la gentillesse, et de la bonne grace: *Platon dit galamment*[1] *dans son Timée. Sénèque est joli dans son Traité des Bienfaits. Ésope a bonne grace dans un de ses apologues.*

PLUTON.

Vous me peignez là un maître impertinent ; mais pourquoi le laissiez-vous parler si long-temps ? Que ne lui imposiez-vous silence ?

MINOS.

Silence, lui ? C'est bien un homme qu'on puisse faire taire, quand il a commencé à parler. J'ai eu beau faire semblant vingt fois de me vouloir lever de mon siége ; j'ai eu beau lui crier, Avocat, concluez de grace : concluez, avocat ! il a été

---

[1] Manière de parler de ce temps-là, fort commune au barreau. (BOIL.)

jusqu'au bout, et a tenu à lui seul toute l'audience. Pour moi, je ne vis jamais une telle fureur de parler; et si ce désordre-là continue, je crois que je serai obligé de quitter la charge.

PLUTON.

Il est vrai que les morts n'ont jamais été si sots qu'aujourd'hui. Il n'est pas venu ici depuis long-temps une ombre qui eût le sens commun; et sans parler des gens de palais, je ne vois rien de si impertinent que ceux qu'ils nomment gens du monde. Ils parlent tous un certain langage qu'ils appellent galanterie : et quand nous leur témoignons, Proserpine et moi, que cela nous choque, ils nous traitent de bourgeois, et disent que nous ne sommes pas galants. On m'a assuré même que cette pestilente galanterie avoit infecté tous les pays infernaux, et même les Champs-Élysées; de sorte que les héros, et sur-tout les héroïnes qui les habitent, sont aujourd'hui les plus sottes gens du monde, grace à certains auteurs qui leur ont appris, dit-on, ce beau langage, et qui en ont fait des amoureux transis. A vous dire le vrai, j'ai bien de la peine à le croire : j'ai bien de la peine, dis-je, à m'imaginer que les Cyrus et les Alexandre soient devenus tout-à-coup, comme on me le veut faire entendre, des Tyrsis et des Céladon. Pour m'en éclaircir donc moi-même par mes propres yeux, j'ai donné ordre qu'on fît venir ici aujourd'hui des Champs-Élysées, et de toutes les autres régions de l'enfer, les plus célèbres d'entre ces héros ; et j'ai fait préparer, pour les recevoir, ce grand salon, où vous voyez que sont postés mes gardes : mais où est Rhadamanthe ?

MINOS.

Qui ? Rhadamanthe ? Il est allé dans le Tartare pour y voir entrer un lieutenant-criminel [1], nouvellement arrivé de l'autre monde, où il a, dit-on, été, tant qu'il a vécu, aussi célèbre par sa grande capacité dans les affaires de judicature que diffamé par son excessive avarice.

PLUTON.

N'est-ce pas celui qui pensa se faire tuer une seconde fois pour une obole qu'il ne voulut pas payer à Caron en passant le fleuve ?

[1] Le lieutenant-criminel Tardieu et sa femme avoient été assassinés à Paris, la même année que je fis ce dialogue, c'est à savoir en 1664. (BOIL.) — Voy. la sat. x.

MINOS.

C'est celui-là même. Avez-vous vu sa femme ? C'étoit une chose à peindre que l'entrée qu'elle fit ici. Elle étoit couverte d'un linceul de satin.

PLUTON.

Comment ! de satin ? Voilà une grande magnificence !

MINOS.

Au contraire, c'est une épargne ; car tout cet accoutrement n'étoit autre chose que trois thèses cousues ensemble, dont on avoit fait présent à son mari en l'autre monde [1]. O la vilaine ombre ! Je crains qu'elle n'empeste tout l'enfer. J'ai tous les jours les oreilles rebattues de ses larcins. Elle vola avant-hier la quenouille de Clothon ; et c'est elle qui avoit dérobé ce drap dont dont on m'a tant étourdi ce matin, à un savetier qu'elle attendoit au passage. De quoi vous êtes-vous avisé de charger les enfers d'une si dangereuse créature ?

PLUTON.

Il falloit bien qu'elle suivît son mari. Il n'auroit pas été bien damné sans elle. Mais à propos

[1] Sat. x, v. 324.

de Rhadamanthe, le voici lui-même, si je ne me trompe, qui vient à nous. Qu'a-t-il ? Il paroît tout effrayé.

RHADAMANTHE.

Puissant roi des enfers, je viens vous avertir qu'il faut songer tout de bon à vous défendre, vous et votre royaume. Il y a un grand parti formé contre vous dans le Tartare. Tous les criminels, résolus de ne vous plus obéir, ont pris les armes. J'ai rencontré là-bas Prométhée avec son vautour sur le poing ; Tantale est ivre comme une soupe : Ixion a violé une furie : et Sisyphe, assis sur son rocher, exhorte tous ses voisins à secouer le joug de votre domination.

MINOS.

O les scélérats ! Il y a long-temps que je prévoyois ce malheur.

PLUTON.

Ne craignez rien, Minos. Je sais bien le moyen de les réduire ; mais ne perdons point de temps. Qu'on fortifie les avenues ; qu'on redouble la garde de mes furies ; qu'on arme toutes les milices de l'enfer ; qu'on lâche Cerbère. Vous, Rhadamanthe, allez-vous-en dire à Mercure qu'il nous fasse venir l'artillerie de mon frère Jupiter.

Cependant vous, Minos, demeurez avec moi. Voyons nos héros s'ils sont en état de nous aider : j'ai été bien inspiré de les mander aujourd'hui. Mais quel est cet homme qui vient à nous avec son bâton et sa besace ? Ha ! c'est ce fou de Diogène. Que viens-tu chercher ici ?

DIOGÈNE.

J'ai appris la nécessité de vos affaires ; et comme votre fidèle sujet, je viens vous offrir mon bâton.

PLUTON.

Nous voilà bien forts, avec ton bâton !

DIOGÈNE.

Ne pensez pas vous moquer. Je ne serai peut-être pas le plus inutile de tous ceux que vous avez envoyé chercher.

PLUTON.

Hé ! quoi ? Nos héros ne viennent-ils pas ?

DIOGÈNE.

Oui, je viens de rencontrer une troupe de fous là-bas : je crois que ce sont eux. Est-ce que vous avez envie de donner le bal ?

PLUTON.

Pourquoi le bal ?

DIOGÈNE.

C'est qu'ils sont en fort bon équipage pour

danser. Ils sont jolis, ma foi; je n'ai jamais rien vu de si dameret, ni de si galant.

PLUTON.

Tout beau, Diogène : tu te mêles toujours de railler. Je n'aime point les satiriques; et puis ce sont des héros, pour lesquels on doit avoir du respect.

DIOGÈNE.

Vous en allez juger vous-même tout-à-l'heure; car je les vois déja qui paroissent. Approchez, fameux héros ; et vous aussi, héroïnes encore plus fameuses, autrefois l'admiration de toute la terre. Voici une belle occasion de vous signaler ; venez ici tous en foule.

PLUTON.

Tais-toi. Je veux que chacun vienne l'un après l'autre, accompagné tout au plus de quelqu'un de ses confidents. Mais avant tout, Minos, passons, vous et moi, dans ce salon que j'ai fait, comme je vous ai dit, préparer pour les recevoir, et où j'ai ordonné qu'on mît nos siéges, avec une balustrade qui nous sépare du reste de l'assemblée. Entrons ; bon : voilà tout disposé ainsi que je le souhaitois ; suis-nous, Diogène : j'ai besoin de toi pour nous dire le nom des héros qui vont arriver ; car, de la manière dont je vois que tu as fait connoissance avec eux, personne ne me peut rendre ce service que toi.

DIOGÈNE.

Je ferai de mon mieux.

PLUTON.

Tiens-toi donc ici près de moi. Vous, gardes, au moment que j'aurai interrogé ceux qui seront entrés, qu'on les fasse passer dans les longues et ténébreuses galeries qui sont adossées à ce salon, et qu'on leur dise d'y aller attendre mes ordres. Asseyons-nous. Qui est celui qui vient le premier de tous, nonchalamment appuyé sur son écuyer ?

DIOGÈNE.

C'est le grand Cyrus.

PLUTON.

Quoi ! ce grand roi, qui transféra l'empire des Mèdes aux Perses ; qui a tant gagné de batailles ? De son temps les hommes venoient ici tous les jours par trente et quarante mille : jamais personne n'y en a tant envoyé.

DIOGÈNE.

Au moins ne l'allez pas appeler Cyrus.

PLUTON.

Pourquoi ?

DIOGÈNE.

Ce n'est plus son nom. Il s'appelle maintenant Artaméne [1].

PLUTON.

Artaméne ! Et où a-t-il pêché ce nom-là ? Je ne me souviens point de l'avoir jamais lu.

DIOGÈNE.

Je vois bien que vous ne savez pas son histoire.

PLUTON.

Qui, moi ? Je sais aussi bien mon Hérodote qu'un autre.

DIOGÈNE.

Oui : mais avec tout cela, diriez-vous bien pourquoi Cyrus a tant conquis de provinces, traversé l'Asie, la Médie, l'Hyrcanie, la Perse, et enfin plus de la moitié du monde ?

PLUTON.

Belle demande ! c'est que c'étoit un prince am-

---

[1] Artamène ou le grand Cyrus, roman de madeselle de Scudéri. Paris, 1650, 10 vol. petit in-8º, de douze à treize cents pages chacun.

bitieux, qui vouloit que toute la terre lui fût soumise.

DIOGÈNE.

Point du tout : c'est qu'il vouloit délivrer sa princesse, qui avoit été enlevée.

PLUTON.

Quelle princesse ?

DIOGÈNE.

Mandane.

PLUTON.

Mandane ?

DIOGÈNE.

Oui. Et savez-vous combien elle a été enlevée de fois ?

PLUTON.

Où veux-tu que je l'aille chercher ?

DIOGÈNE.

Huit fois.

MINOS.

Voilà une beauté qui a passé par bien des mains !

DIOGÈNE.

Cela est vrai ; mais tous ses ravisseurs étoient les scélérats du monde les plus vertueux. Assurément ils n'ont pas osé lui toucher.

PLUTON.

J'en doute. Mais laissons là ce fou de Diogène : il faut parler à Cyrus lui-même. Hé bien, Cyrus, il faut combattre : je vous ai envoyé chercher pour vous donner le commandement de mes troupes. Il ne répond rien ! Qu'a-t-il ? Vous diriez qu'il ne sait où il est.

CYRUS.

Eh ! divine princesse !

PLUTON.

Quoi ?

CYRUS.

Ah ! injuste Mandane !

PLUTON.

Plaît-il ?

CYRUS.

Tu me flattes, trop complaisant Feraulas : es-tu si peu sage que de penser que Mandane, l'illustre Mandane puisse jamais tourner les yeux sur l'infortuné Artamène ? Aimons-la toutefois... Mais aimerons-nous une cruelle ? servirons-nous une insensible ? adorerons-nous une inexorable ? Oui, Cyrus, il faut aimer une cruelle ; oui, Artamène, il faut servir une insensible ; oui, fils de Cambyse, il faut adorer l'inexorable fille de Cyaxare.

PLUTON.

Il est fou. Je crois que Diogène a dit vrai.

DIOGÈNE.

Vous voyez bien que vous ne saviez pas son histoire; mais faites approcher son écuyer Feraulas; il ne demande pas mieux que de vous la conter. Il sait par cœur tout ce qui s'est passé dans l'esprit de son maître, et a tenu un registre exact de toutes les paroles que son maître a dites en lui-même depuis qu'il est au monde, avec un rouleau de ses lettres, qu'il a toujours dans sa poche. A la vérité vous êtes en danger de bâiller un peu; car ses narrations ne sont pas fort courtes.

PLUTON.

Oh! j'ai bien le temps de cela!

CYRUS.

Mais, trop engageante personne....

PLUTON.

Quel langage? A-t-on jamais parlé de la sorte? Mais dites-moi, vous, trop pleurant Artaméne, est-ce que vous n'avez pas envie de combattre?

CYRUS.

Eh, de grace, généreux Pluton, souffrez que j'aille entendre l'histoire d'Aglatidas et d'Amestris qu'on me va conter. Rendons ce devoir à deux illustres malheureux. Cependant voici le fidèle Feraulas que je vous laisse, qui vous instruira positivement de l'histoire de ma vie, et de l'impossibilité de mon bonheur.

PLUTON.

Je n'en veux point être instruit, moi. Qu'on me chasse ce grand pleureux.

CYRUS.

Eh, de grace !

PLUTON.

Si tu ne sors....

CYRUS.

En effet....

PLUTON.

Si tu ne t'en vas....

CYRUS.

En mon particulier....

PLUTON.

Si tu ne te retires...... A la fin le voilà dehors. A-t-on jamais vu tant pleurer ?

DIOGÈNE.

Vraiment ! il n'est pas au bout, puisqu'il n'en est qu'à l'histoire d'Aglatidas et d'Amestris. Il a encore neuf gros tomes à faire ce joli métier.

PLUTON.

Hé bien, qu'il remplisse, s'il veut, cent volumes de ses folies. J'ai d'autres affaires présentement qu'à l'entendre. — Mais quelle est cette femme que je vois qui arrive?

DIOGÈNE.

Ne reconnoissez-vous pas Thomyris?

PLUTON.

Quoi! cette reine sauvage des Massagètes, qui fit plonger la tête de Cyrus dans un vaisseau de sang humain. Celle-ci ne pleurera pas, j'en réponds. Qu'est-ce qu'elle cherche?

THOMYRIS.

Que l'on cherche par-tout mes tablettes perdues;
Mais que sans les ouvrir elles me soient rendues [1].

DIOGÈNE.

Des tablettes! je ne les ai pas, au moins. Ce n'est pas un meuble pour moi que des tablettes; et l'on prend assez de soin de retenir mes bons mots, sans que j'aie besoin de les recueillir moi-même dans des tablettes.

---

[1] Ce sont les deux premiers vers de la tragédie de CYRUS, faite par M. Quinault; et c'est Thomyris qui ouvre le théâtre par ces deux vers. (BOIL.) — V. CYRUS, acte Ier, sc. V.

PLUTON.

Je pense qu'elle ne fera que chercher. Elle a tantôt visité tous les coins et recoins de cette salle. Qu'y avoit-il donc de si précieux dans vos tablettes, grande reine ?

THOMYRIS.

Un madrigal, que j'ai fait ce matin pour le charmant ennemi que j'aime.

MINOS.

Hélas ! qu'elle est doucereuse !

DIOGÈNE.

Je suis fâché que ces tablettes soient perdues. Je serois curieux de voir un madrigal massagète.

PLUTON.

Mais qui est donc ce charmant ennemi qu'elle aime ?

DIOGÈNE.

C'est ce même Cyrus, qui vient de sortir tout-à-l'heure.

PLUTON.

Bon ! auroit-elle fait égorger l'objet de sa passion ?

DIOGÈNE.

Égorger ! C'est une erreur dont on a été abusé seulement durant vingt-cinq siècles ; et cela par la faute du gazetier de Scythie, qui répandit mal-à-propos la nouvelle de sa mort sur un faux bruit. On est détrompé depuis quatorze ou quinze ans.

PLUTON.

Vraiment, je le crois encore. Cependant, soit que le gazetier de Scythie se soit trompé ou non, qu'elle s'en aille dans les galeries chercher, si elle veut, son charmant ennemi, et qu'elle ne s'opiniâtre pas davantage à retrouver des tablettes que vraisemblablement elle a perdues par sa négligence, et que sûrement aucun de nous n'a volées. — Mais quelle est cette voix robuste que j'entends là-bas qui fredonne un air?

DIOGÈNE.

C'est ce grand borgne d'Horatius Coclès, qui chante ici proche, comme m'a dit un de vos gardes, à un écho qu'il y a trouvé [1], une chanson qu'il a faite pour Clélie.

PLUTON.

Qu'a donc ce fou de Minos, qu'il crève de rire?

MINOS.

Et qui ne riroit? Horatius Coclès chantant à l'écho !

[1] Voyez le tome premier de CLÉLIE, p. 18.

PLUTON.

Il est vrai que la chose est assez nouvelle. Cela est à voir. Qu'on le fasse entrer, et qu'il n'interrompe point pour cela sa chanson; que Minos vraisemblablement sera bien aise d'entendre de plus près.

MINOS.

Assurément.

HORATIUS COCLÈS,
Chantant la reprise de la chanson qu'il chante dans Clélie.

Et Phénisse même publie
Qu'il n'est rien si beau que Clélie.

DIOGÈNE.

Je pense reconnoître l'air. C'est sur le chant de Toinon la belle jardinière[1].

HORATIUS COCLÈS.

Et Phénisse même publie
Qu'il n'est rien si beau que Clélie.

PLUTON.

Quelle est donc cette Phénisse?

DIOGÈNE.

C'est une dame des plus galantes et des plus spirituelles de la ville de Capoue, mais qui a

---

[1] Chanson du SAVOYARD, alors à la mode. (BOIL.)

une trop grande opinion de sa beauté, et qu'Horatius Coclès raille, dans cet impromptu de sa façon, dont il a composé aussi le chant, en lui faisant avouer à elle-même que tout cède en beauté à Clélie.

MINOS.

Je n'eusse jamais cru que cet illustre Romain fût si excellent musicien et si habile faiseur d'impromptus. Cependant je vois bien par celui-ci qu'il est maître passé.

PLUTON.

Et moi je vois bien que, pour s'amuser à de semblables petitesses, il faut qu'il ait entièrement perdu le sens. Hé, Horatius Coclès, vous qui étiez autrefois si déterminé soldat, et qui avez défendu vous seul un pont contre une armée [1], de quoi vous êtes-vous avisé de vous faire berger après votre mort ; et qui est le fou, ou la la folle, qui vous ont appris à chanter ?

HORATIUS COCLÈS.

Et Phénisse même publie
Qu'il n'est rien si beau que Clélie.

MINOS.

Il se ravit dans son chant.

[1] TITE-LIVE, liv. II, c. X.

PLUTON.

Oh! qu'il s'en aille dans mes galeries chercher, s'il veut, un nouvel écho : qu'on l'emmène.

HORATIUS COCLÈS, *s'en allant, et toujours chantant.*
Et Phénisse même publie
Qu'il n'est rien si beau que Clélie.

PLUTON.

Le fou! le fou! Ne viendra-t-il point à la fin une personne raisonnable?

DIOGÈNE.

Vous allez avoir bien de la satisfaction; car je vois entrer la plus illustre de toutes les dames romaines, cette Clélie qui passa le Tibre à la nage pour se dérober du camp de Porsenna, et dont Horatius Coclès, comme vous venez de le voir, est amoureux.

PLUTON.

J'ai cent fois admiré l'audace de cette fille dans Tite-Live [1]; mais je meurs de peur que Tite-Live n'ait encore menti; qu'en dis-tu, Diogène?

DIOGÈNE.

Écoutez ce qu'elle vous va dire.

[1] Liv. II, c. XIII.

CLÉLIE.

Est-il vrai, sage roi des enfers, qu'une troupe de mutins ait osé se soulever contre Pluton, le vertueux Pluton ?

PLUTON.

Ah! à la fin nous avons trouvé une personne raisonnable ! Oui, ma fille ; il est vrai que les criminels dans le Tartare ont pris les armes, et que nous avons envoyé chercher les héros dans les Champs-Élysées et ailleurs, pour nous secourir.

CLÉLIE.

Mais de grace, seigneur, les rebelles ne songent-ils point à exciter quelque trouble dans le royaume de *Tendre* [1] ? Car je serois au désespoir, s'ils étoient seulement postés dans le village de *Petits-Soins*. N'ont-ils point pris *Billets-doux* ou *Billets-galants* ?

PLUTON.

De quel pays parle-t-elle là ? Je ne me souviens point de l'avoir vu dans la carte.

DIOGÈNE.

Il est vrai que Ptolémée n'en a point parlé :

---

[1] Voyez CLÉLIE, part. 1, p. 378.

mais on a fait depuis peu de nouvelles découvertes. Et puis ne voyez-vous point que c'est du pays de *Galanterie* qu'elle vous parle ?

PLUTON.

C'est un pays que je ne connois point.

CLÉLIE.

En effet, l'illustre Diogène raisonne tout-à-fait juste. Car il y a trois sortes de Tendres : *Tendre sur Estime*, *Tendre sur Inclination*, et *Tendre sur Reconnoissance*. Lorsque l'on veut arriver à *Tendre sur Estime*, il faut aller d'abord au village de *Petits-Soins*, etc...

PLUTON.

Je vois bien, la belle fille, que vous savez parfaitement la géographie du royaume de *Tendre*; et qu'à un homme qui vous aimera, vous lui ferez voir bien du pays dans ce royaume. Mais pour moi, qui ne le connois point, et qui ne le veux point connoître, je vous dirai franchement que je ne sais si ces trois villages et ces trois fleuves mènent à *Tendre*, mais qu'il me paroît que c'est le grand chemin des Petites-Maisons.

MINOS.

Ce ne seroit pas trop mal fait, non, d'ajouter ce village-là dans la carte de *Tendre*. Je crois que ce sont ces terres inconnues dont on y veut parler.

PLUTON.

Mais vous, tendre mignonne, vous êtes donc aussi amoureuse, à ce que je vois?

CLÉLIE.

Oui, seigneur, *je vous concède* que j'ai pour Aronce une amitié qui tient de l'amour véritable : aussi faut-il avouer que cet admirable fils du roi de Clusium a en toute sa personne je ne sais quoi de si extraordinaire, et de si peu imaginable, qu'à moins que d'avoir une dureté de cœur inconcevable, on ne peut pas s'empêcher d'avoir pour lui une passion tout-à-fait raisonnable. Car enfin...

PLUTON.

Car enfin, car enfin... je vous dis moi que j'ai pour toutes les folles une aversion inexplicable, et que quand le fils du roi de Clusium auroit *un charme inimaginable*, avec votre langage *inconcevable*, vous me feriez plaisir de vous en aller, vous et votre galant, au diable. A la fin la voilà partie! Quoi! toujours des amoureux? Personne ne s'en sauvera; et un de ces jours nous verrons Lucrèce galante.

DIOGÈNE.

Vous en allez avoir le plaisir tout-à-l'heure ; car voici Lucrèce en personne.

PLUTON.

Ce que j'en disois n'est que pour rire. A Dieu ne plaise, que j'aie une si basse pensée de la plus vertueuse personne du monde.

DIOGÈNE.

Ne vous y fiez pas ! Je lui trouve l'air bien coquet. Elle a, ma foi, les yeux fripons.

PLUTON.

Je vois bien, Diogène, que tu ne connois pas Lucrèce. Je voudrois que tu l'eusses vue la première fois qu'elle entra ici toute sanglante, et tout échevelée ! Elle tenoit un poignard à la main ; elle avoit le regard farouche, et la colère étoit encore peinte sur son visage, malgré les pâleurs de la mort. Jamais personne n'a porté la chasteté plus loin qu'elle [1]. Mais pour t'en convaincre, il ne faut que lui demander à elle-même ce qu'elle pense de l'amour. Tu verras. Dites-nous donc, Lucrèce, mais expliquez-vous clairement, croyez-vous qu'on doive aimer ?

---

[1] Tite-Live, liv. I, c. LVIII.

LUCRÈCE, tenant des tablettes à la main.

Faut-il absolument sur cela vous rendre une réponse exacte et décisive ?

PLUTON.

Oui.

LUCRÈCE.

Tenez : la voilà clairement énoncée dans ces tablettes. Lisez.

PLUTON, lisant.

Toujours. l'on. si. Mais. aimoit. d'éternelles. hélas [1]. *amours. d'aimer. doux. il. point. seroit. n'est. Qu'il.* Que veut dire ce galimatias ?

LUCRÈCE.

Je vous assure, Pluton, que je n'ai jamais rien dit de mieux, ni de plus clair.

PLUTON.

Je vois bien que vous avez accoutumé de parler fort clairement. Peste soit de la folle ! Où a-t-on jamais parlé comme cela ? *Point. si. éternelles.* Et où veut-elle que j'aille chercher un OEdipe pour m'expliquer cette énigme ?

DIOGÈNE.

Il ne faut pas aller fort loin. En voici un qui

---

[1] Voyez CLÉLIE, part. II, p. 348.

entre et qui est fort propre à vous rendre cet office.

PLUTON.

Qui est-il ?

DIOGÈNE.

C'est Brutus ; celui qui délivra Rome de la tyrannie des Tarquins.

PLUTON.

Quoi ! cet austère Romain, qui fit mourir ses enfants pour avoir conspiré contre leur patrie[1]? Lui, expliquer des énigmes ? Tu es bien fou, Diogène.

DIOGÈNE.

Je ne suis point fou. Mais Brutus n'est pas non plus cet austère personnage que vous vous imaginez ; c'est un esprit naturellement tendre et passionné, qui fait de fort jolis vers, et les billets du monde les plus galants.

MINOS.

Il faudroit donc que les paroles de l'énigme fussent écrites pour les lui montrer.

DIOGÈNE.

Que cela ne vous embarrasse point ; il y a

---

[1] TITE-LIVE, liv. II, c. v.

DE ROMAN. 315

long-temps que ces paroles sont écrites sur les tablettes de Brutus. Des héros comme lui sont toujours fournis de tablettes.

PLUTON.

Hé bien, Brutus, nous donnerez-vous l'explication des paroles qui sont sur vos tablettes?

BRUTUS.

Volontiers. Regardez bien. Ne les sont-ce pas là? *Toujours. l'on. si. Mais,* etc.

PLUTON.

Ce les sont là elles-mêmes.

BRUTUS.

Continuez donc de lire. Les paroles suivantes non seulement vous feront voir que j'ai d'abord conçu la finesse des paroles embrouillées de Lucrèce ; mais elles contiennent la réponse précise que j'y ai faite. *Moi. nos. verrez. vous. de. permettez. d'éternelles. jours. qu'on. merveille. peut. amours. d'aimer. voir.*

PLUTON.

Je ne sais pas si ces paroles se répondent juste les unes aux autres ; mais je sais bien que ni les unes ni les autres ne s'entendent, et que je ne suis pas d'humeur à faire le moindre effort d'esprit pour les concevoir.

DIOGÈNE.

Je vois bien que c'est à moi de vous expliquer tout ce mystère. Le mystère est que ce sont des paroles transposées; Lucrèce, qui est amoureuse et aimée de Brutus, lui dit, en mots transposés :

Qu'il seroit doux d'aimer, si l'on aimoit toujours !
Mais, hélas ! il n'est point d'éternelles amours.

et Brutus, pour la rassurer, lui dit, en d'autres termes transposés :

Permettez-moi d'aimer, merveille de nos jours :
Vous verrez qu'on peut voir d'éternelles amours.

PLUTON.

Voilà une grosse finesse ! Il s'ensuit de là que tout ce qui se peut dire de beau est dans les dictionnaires : il n'y a que les paroles qui sont transposées ! Mais est-il possible que des personnes du mérite de Brutus et de Lucrèce en soient venues à cet excès d'extravagance, de composer de semblables bagatelles !

DIOGÈNE.

C'est pourtant par ces bagatelles qu'ils ont fait connoître l'un et l'autre qu'ils avoient infiniment d'esprit.

PLUTON.

Et c'est par ces bagatelles, moi, que je connois qu'ils ont infiniment de folie. Qu'on les chasse. Pour moi, je ne sais tantôt plus où j'en suis. Lucréce amoureuse! Lucréce coquette! et Brutus son galant! Je ne désespère pas un de ces jours de voir Diogène lui-même galant.

DIOGÈNE.

Pourquoi non ? Pythagore l'étoit bien.

PLUTON.

Pythagore étoit galant ?

DIOGÈNE.

Oui, et ce fut de Théano sa fille, formée par lui à la galanterie, ainsi que le raconte le généreux Herminius dans l'histoire de la vie de Brutus ; ce fut, dis-je, de Théano que cet illustre Romain apprit ce beau symbole, qu'on a oublié d'ajouter aux autres symboles de Pythagore : *Que c'est à pousser les beaux sentiments pour une maîtresse, et à faire l'amour, que se perfectionne le grand philosophe.*

PLUTON.

J'entends : ce fut de Théano qu'il sut que c'est la folie qui fait la perfection de la sagesse ! O l'admirable précepte ! Mais laissons là Théano.

Quelle est cette précieuse renforcée que je vois qui vient à nous?

DIOGÈNE.

C'est Sapho[1], cette fameuse Lesbienne, qui a inventé les vers saphiques.

PLUTON.

On me l'avoit dépeinte si belle! Je la trouve bien laide.

DIOGÈNE.

Il est vrai qu'elle n'a pas le teint fort uni, ni les traits du monde les plus réguliers; mais prenez garde qu'il y a une grande opposition du blanc et du noir de ses yeux, comme elle le dit elle-même dans l'histoire de sa vie.

PLUTON.

Elle se donne là un bizarre agrément, et Cerbère, selon elle, doit donc passer pour beau, puisqu'il a dans les yeux la même opposition.

DIOGÈNE.

Je crois qu'elle vient à vous. Elle a sûrement quelque question à vous faire.

---

[1] Mademoiselle de Scudéri paroît ici sous le nom de SAPHO, qui lui avoit été donné par les poëtes de son temps.

SAPHO.

Je vous supplie, sage Pluton, de m'expliquer fort au long ce que vous pensez de l'amitié, et si vous croyez qu'elle soit capable de tendresse aussi bien que l'amour. Car ce fut le sujet d'une généreuse conversation que nous eûmes l'autre jour avec le sage Démocède et l'agréable Phaon. De grace, oubliez donc pour quelque temps le soin de votre personne et de votre état; et, au lieu de cela, songez à me bien définir ce que c'est que cœur tendre, tendresse d'amitié, tendresse d'amour, tendresse d'inclination, et tendresse de passion.

MINOS.

Oh! celle-ci est la plus folle de toutes; elle a la mine d'avoir gâté toutes les autres.

PLUTON.

Mais regardez cette impertinente! C'est bien le temps de résoudre des questions d'amour, que le jour d'une révolte!

DIOGÈNE.

Vous avez pourtant autorité pour le faire; et tous les jours, les héros que vous venez de voir, sur le point de donner une bataille, où il s'agit du tout pour eux, au lieu d'employer le temps à encourager les soldats, et à ranger leurs armées, s'occupent à entendre l'histoire de Timarète ou de Bérelise, dont la plus haute aventure est quelquefois un billet perdu, ou un bracelet égaré.

PLUTON.

Ho bien! s'ils sont fous, je ne veux pas leur ressembler, et principalement à cette *précieuse ridicule*.

SAPHO.

Eh! de grace, seigneur, défaites-vous de cet air grossier et provincial de l'enfer, et songez à prendre l'air de la belle galanterie de Carthage et de Capoue. A vous dire le vrai, pour décider un point aussi important que celui que je vous propose, je souhaiterois fort que toutes nos généreuses amies et nos illustres amis fussent ici; mais en leur absence le sage Minos représentera le discret Phaon, et l'enjoué Diogène le galant Ésope.

PLUTON.

Attends, attends, je m'en vais te faire venir ici une personne avec qui lier conversation. Qu'on m'appelle Tisiphone.

SAPHO.

Qui? Tisiphone? Je la connois, et vous ne

serez peut-être pas fâché que je vous en fasse voir le portrait que j'ai déja composé par précaution, dans le dessein où je suis de l'insérer dans quelqu'une des histoires que nous autres faiseurs et faiseuses de romans sommes obligés de raconter à chaque livre de notre roman.

PLUTON.

Le portrait d'une furie! voilà un étrange projet.

DIOGÈNE.

Il n'est pas si étrange que vous pensez. En effet, cette même Sapho que vous voyez a peint dans ses ouvrages beaucoup de ses généreuses amies, qui ne surpassent guère en beauté Tisiphone, et qui néanmoins, à la faveur des mots galants, et des façons de parler élégantes et précieuses qu'elle jette dans leurs peintures, ne laissent pas de passer pour de dignes héroïnes de roman.

MINOS.

Je ne sais si c'est curiosité ou folie; mais je vous avoue que je meurs d'envie de voir un si bizarre portrait.

PLUTON.

Hé bien donc! qu'elle vous le montre, j'y consens. Il faut bien vous contenter. Nous allons voir comment elle s'y prendra pour rendre la plus effroyable des Euménides agréable et gracieuse.

DIOGÈNE.

Ce n'est pas une affaire pour elle, et elle a déja fait un pareil chef-d'œuvre, en peignant la vertueuse Arricidie. Écoutons donc : car je la vois qui tire le portrait de sa poche.

SAPHO, lisant.

[1] L'illustre fille dont j'ai à vous entretenir a en toute sa personne je ne sais quoi de si *furieusement extraordinaire*, et de si *terriblement merveilleux*, que je ne suis pas *médiocrement embarrassée*, quand je songe à vous en tracer le portrait.

MINOS.

Voilà les adverbes *furieusement* et *terriblement*, qui sont, à mon avis, bien placés, et tout-à-fait en leur lieu !

SAPHO continue de lire.

Tisiphone a naturellement la taille fort haute, et passant beaucoup la mesure des personnes de

---

[1] Portrait de mademoiselle de Scudéri elle-même.

son sexe ; mais pourtant si dégagée, si libre, et si bien proportionnée en toutes ses parties, que son énormité même lui sied admirablement bien. Elle a les yeux petits, mais pleins de feu; vifs, perçants, et bordés d'un certain vermillon, qui en relève prodigieusement l'éclat. Ses cheveux sont naturellement bouclés et annelés; et l'on peut dire que ce sont autant de serpents, qui s'entortillent les uns dans les autres, et se jouent nonchalamment autour de son visage. Son teint n'a point cette couleur fade et blanchâtre des femmes de Scythie; mais il tient beaucoup de ce brun mâle et noble que donne le soleil aux Africaines, qu'il favorise le plus près de ses regards. Son sein est composé de deux demi-globes, brûlés par le bout, comme ceux des Amazones, et qui, s'éloignant le plus qu'ils peuvent de sa gorge, se vont négligemment et languissamment perdre sous ses deux bras. Tout le reste de son corps est presque composé de la même sorte. Sa démarche est extrêmement noble et fière. Quand il faut se hâter, elle vole plutôt qu'elle ne marche; et je doute qu'Atalante la pût devancer à la course. Au reste, cette vertueuse fille est naturellement ennemie du vice, sur-tout des grands crimes, qu'elle poursuit par-tout, un flambeau à la main, et qu'elle ne laisse jamais en repos; secondée en cela par ses deux illustres sœurs, Alecto et Mégère, qui n'en sont pas moins ennemies qu'elle : et l'on peut dire de toutes ces trois sœurs que c'est une *morale vivante*.

DIOGÈNE.

Hé bien, n'est-ce pas là un portrait merveilleux?

PLUTON.

Sans doute; et la laideur y est peinte dans toute sa perfection, pour ne pas dire dans toute sa beauté. Mais c'est assez écouter cette extravagante. Continuons la revue de nos héros; et, sans nous plus donner la peine, comme nous avons fait jusqu'ici, de les interroger l'un après l'autre, puisque les voilà tous reconnus véritablement insensés, contentons-nous de les voir passer devant cette balustrade, et de les conduire exactement de l'œil dans mes galeries, afin que je sois sûr qu'ils y sont. Car je défends d'en laisser sortir aucun, que je n'aie précisément déterminé ce que je veux qu'on en fasse. Qu'on les laisse donc entrer; et qu'ils viennent maintenant tous en foule. En voilà bien, Diogène! Tous ces héros sont-ils connus dans l'histoire?

DIOGÈNE.

Non; il y en a beaucoup de chimériques, mêlés parmi eux.

PLUTON.

Des héros chimériques! et sont-ce des héros?

DIOGÈNE.

Comment! si ce sont des héros! ce sont eux qui ont toujours le haut bout dans les livres, et qui battent infailliblement les autres.

PLUTON.

Nomme-m'en par plaisir quelques uns.

DIOGÈNE.

Volontiers. Orondate, Spitridate, Alcamène, Mélinte, Britomare, Mérindor, Artaxandre,[1] etc.

PLUTON.

Et tous ces héros-là ont-ils fait vœu comme les autres de ne jamais s'entretenir que d'amour?

DIOGÈNE.

Cela seroit beau qu'ils ne l'eussent pas fait! Et de quel droit se diroient-ils héros, s'ils n'étoient point amoureux? N'est-ce pas l'amour qui fait aujourd'hui la vertu héroïque?

---

[1] Personnages des romans de La Calprenéde et de mademoiselle de Scudéri.

PLUTON.

Quel est ce grand innocent, qui va des derniers, et qui a la mollesse peinte sur le visage ? Comment t'appelles-tu ?

ASTRATE.

Je m'appelle Astrate [1].

PLUTON.

Que viens-tu chercher ici ?

ASTRATE.

Je veux voir la reine.

PLUTON.

Mais admirez cet impertinent ! Ne diriez-vous pas que j'ai une reine que je garde ici dans une boîte, et que je montre à tous ceux qui la veulent voir ? Qu'es-tu, toi ? As-tu jamais été ?

ASTRATE.

Oui-dà, j'ai été; et il y a un historien latin qui dit de moi en propres termes : *Astratus vixit;* Astrate a vécu.

PLUTON.

Est-ce là tout ce qu'on trouve de toi dans l'histoire ?

[1] On jouoit à l'hôtel de Bourgogne, dans le temps que je fis ce dialogue, l'Astrate de Quinault, et l'OSTORIUS de l'abbé de Pure. (BOIL.)

ASTRATE.

Oui, et c'est sur ce bel argument qu'on a composé une tragédie intitulée du nom d'*Astrate*, où les passions tragiques sont maniées si adroitement, que les spectateurs y rient à gorge déployée depuis le commencement jusqu'à la fin, tandis que moi j'y pleure toujours, ne pouvant obtenir que l'on m'y montre une reine dont je suis passionnément épris.

PLUTON.

Ho! bien, va-t'en dans ces galeries voir si cette reine y est. — Mais quel est ce grand malbâti de Romain, qui vient après ce chaud amoureux? Peut-on savoir son nom?

OSTORIUS.

Mon nom est Ostorius.

PLUTON.

Je ne me souviens point d'avoir jamais nulle part lu ce nom-là dans l'histoire.

OSTORIUS.

Il y est pourtant : l'abbé de Pure assure qu'il l'y a lu.

PLUTON.

Voilà un merveilleux garant! Mais, dis-moi, appuyé de l'abbé de Pure, comme tu es, as-tu fait quelque figure dans le monde? T'y a-t-on jamais vu?

OSTORIUS.

Oui-dà; et à la faveur d'une pièce de théâtre, que cet abbé a faite de moi, on m'a vu à l'hôtel de Bourgogne [1].

PLUTON.

Combien de fois?

OSTORIUS.

Eh! une fois.

PLUTON.

Retourne-t-y-en.

OSTORIUS.

Les comédiens ne veulent plus de moi.

PLUTON.

Crois-tu que je m'accommode mieux de toi qu'eux? Allons, déloge d'ici au plus vite, et va te confiner dans mes galeries. Voici encore une héroïne, qui ne se hâte pas trop, ce me semble, de s'en aller: mais je lui pardonne; car elle me paroît si lourde de sa personne, et si pesamment armée, que je vois bien que c'est la difficulté de marcher, plutôt que la répugnance à m'o-

---

[1] Théâtre où l'on jouoit autrefois. (BOIL.)

béir, qui l'empêche d'aller plus vite. Qui est-elle ?
DIOGÈNE.
Pouvez-vous ne pas reconnoître la Pucelle d'Orléans ?
PLUTON.
C'est donc là cette vaillante fille qui délivra la France du joug des Anglois ?
DIOGÈNE.
C'est elle-même.
PLUTON.
Je lui trouve la physionomie bien plate, et bien peu digne de tout ce qu'on dit d'elle.
DIOGÈNE.
Elle tousse, et s'approche de la balustrade. Écoutons. C'est assurément une harangue qu'elle vous vient faire, et une harangue en vers. Car elle ne parle plus qu'en vers.
PLUTON.
A-t-elle du talent pour la poésie ?
DIOGÈNE.
Vous l'allez voir.
LA PUCELLE.
O grand prince, que grand dès cette heure j'appelle,
Il est vrai, le respect sert de bride à mon zèle :
Mais ton illustre aspect me redouble le cœur ;

Et, me le redoublant, me redouble la peur.
A ton illustre aspect mon cœur se sollicite,
Et, grimpant contre mont, la dure terre quitte.
Oh! que n'ai-je le ton désormais assez fort
Pour aspirer à toi sans te faire de tort!
Pour toi puissé-je avoir une mortelle pointe,
Vers où l'épaule gauche à la gorge est conjointe;
Que le coup brisât l'os, et fit pleuvoir le sang
De la tempe, du dos, de l'épaule et du flanc [1] !

PLUTON.

Quelle langue vient-elle de parler?

DIOGÈNE.

Belle demande! françoise.

PLUTON.

Quoi! c'est du françois qu'elle a dit? Je croyois que ce fût du bas-breton, ou de l'allemand. Qui lui a appris cet étrange françois-là?

DIOGÈNE.

C'est un poëte [2], chez qui elle a été en pension quarante ans durant.

PLUTON.

Voilà un poëte qui l'a bien mal élevée.

---

[1] Vers extraits de LA PUCELLE. (BOIL.)
[2] Chapelain.

DIOGÈNE.

Ce n'est pas manque d'avoir été bien payé, et d'avoir exactement touché ses pensions.

PLUTON.

Voilà de l'argent bien mal employé. Hé, Pucelle d'Orléans, pourquoi vous êtes-vous chargé la mémoire de ces grands vilains mots, vous qui ne songiez autrefois qu'à délivrer votre patrie, et qui n'aviez d'objet que la gloire?

LA PUCELLE.

La gloire?

Un seul endroit y méne ; et de ce seul endroit
Droite et roide [1]...

PLUTON.

Ah! elle m'écorche les oreilles.

LA PUCELLE.

Droite et roide est la côte et le sentier étroit.

PLUTON.

Quels vers, juste ciel! je n'en puis pas entendre prononcer un, que ma tête ne soit prête à se fendre.

LA PUCELLE.

De flèches toutefois aucune ne l'atteint,
Ou, pourtant l'atteignant, de son sang ne se teint.

[1] LA PUCELLE, liv. V.

PLUTON.

Encore! J'avoue que de toutes les héroïnes qui ont paru en ce lieu, celle-ci me paroît beaucoup la plus insupportable. Vraiment, elle ne prêche pas la tendresse! Tout en elle n'est que dureté et que sécheresse; et elle me paroît plus propre à glacer l'ame qu'à inspirer l'amour.

DIOGÈNE.

Elle en a pourtant inspiré au vaillant Dunois.

PLUTON.

Elle, inspirer de l'amour au cœur de Dunois!

DIOGÈNE.

Oui assurément.

Au grand cœur de Dunois, le plus grand de la terre,
Grand cœur, qui dans lui seul deux grands amours enserre.

Mais il faut savoir quel amour. Dunois s'en explique ainsi lui-même, en un endroit du poëme fait pour cette merveilleuse fille :

Pour ces célestes yeux, pour ce front magnanime,
Je n'ai que du respect, je n'ai que de l'estime :
Je n'en souhaite rien; et si j'en suis amant,
D'un amour sans desir je l'aime seulement.
Et soit. Consumons-nous d'une flamme si belle :
Brûlons en holocauste aux yeux de la Pucelle [1].

[1] LA PUCELLE, liv. II.

Ne voilà-t-il pas une passion bien exprimée, et le mot d'*holocauste* n'est-il pas tout-à-fait bien placé dans la bouche d'un guerrier comme Dunois?

PLUTON.

Sans doute; et cette vertueuse guerrière peut innocemment, avec de tels vers, aller tout de ce pas, si elle veut, inspirer un pareil amour à tous les héros qui sont dans ces galeries. Je ne crains pas que cela leur amollisse l'ame. Mais du reste qu'elle s'en aille; car je tremble qu'elle ne me veuille encore réciter quelques uns de ses vers; et je ne suis pas résolu de les entendre. La voilà enfin partie! Je ne vois plus ici aucun héros, ce me semble? — Mais non: je me trompe. En voici encore un qui demeure immobile derrière cette porte. Vraisemblablement il n'a pas entendu que je voulois que tout le monde sortît. Le connois-tu, Diogène?

DIOGÈNE.

C'est Pharamond, le premier roi des François [1].

[1] FARAMOND, ou L'HISTOIRE DE FRANCE, roman de La Calprenéde, 7 vol. in-8º, continué et achevé en 5 vol. par Pierre Dortigue de Faumorière.

PLUTON.

Que dit-il? Il parle en lui-même.

PHARAMOND.

Vous le savez bien, divine Rosemonde, que pour vous aimer je n'attendis pas que j'eusse le bonheur de vous connoître; et que c'est sur le seul récit de vos charmes, fait par un de mes rivaux, que je devins si ardemment épris de vous.

PLUTON.

Il semble que celui-ci soit devenu amoureux avant que de voir sa maîtresse.

DIOGÈNE.

Assurément; il ne l'avoit point vue.

PLUTON.

Quoi! il est devenu amoureux d'elle sur son portrait?

DIOGÈNE.

Il n'avoit pas même vu son portrait.

PLUTON.

Si ce n'est là une vraie folie, je ne sais pas ce qui peut l'être. Mais dites-moi, vous, amoureux Pharamond, n'êtes-vous pas content d'avoir fondé le plus florissant royaume de l'Europe, et de pouvoir compter au rang de vos successeurs le roi qui y règne aujourd'hui? Pourquoi vous êtes-vous allé mal-à-propos embarrasser l'esprit de la princesse Rosemonde?

PHARAMOND.

Il est vrai, seigneur. Mais l'amour...

PLUTON.

Ho! l'amour! l'amour! Va exagérer, si tu veux, les injustices de l'amour dans mes galeries. Mais pour moi, le premier qui m'en viendra encore parler, je lui donnerai de mon sceptre tout au travers du visage. En voilà un qui entre. Il faut que je lui casse la tête.

MINOS.

Prenez garde à ce que vous allez faire! Ne voyez-vous pas que c'est Mercure?

PLUTON.

Ah, Mercure! je vous demande pardon. Mais ne venez-vous point aussi me parler d'amour?

MERCURE.

Vous savez bien que je n'ai jamais fait l'amour pour moi-même. La vérité est que je l'ai fait quelquefois pour mon père Jupiter, et qu'en sa faveur autrefois j'endormis si bien le bon Argus, qu'il ne s'est jamais réveillé. Mais je viens vous apporter une bonne nouvelle : c'est qu'à peine l'artillerie que je vous amène a paru, que vos ennemis se sont rangés dans le devoir. Vous n'avez jamais été roi plus paisible de l'enfer que vous l'êtes.

PLUTON.

Divin messager de Jupiter, vous m'avez rendu la vie. Mais au nom de notre proche parenté, dites-moi, vous qui êtes le dieu de l'éloquence, comment vous avez souffert qu'il se soit glissé dans l'un et dans l'autre monde une si impertinente manière de parler, que celle qui règne aujourd'hui, sur-tout en ces livres qu'on appelle romans ; et comment vous avez permis que les plus grands héros de l'antiquité parlassent ce langage ?

MERCURE.

Hélas ! Apollon et moi, nous sommes des dieux qu'on n'invoque presque plus, et la plupart des écrivains d'aujourd'hui ne connoissent pour leur véritable patron qu'un certain *Phébus*, qui est bien le plus impertinent personnage qu'on puisse voir. Du reste, je viens vous avertir qu'on vous a joué une pièce.

PLUTON.

Une pièce à moi ! Comment ?

MERCURE.

Vous croyez que les vrais héros sont venus ici ?

PLUTON.

Assurément je le crois, et j'en ai de bonnes preuves, puisque je les tiens encore ici tous renfermés dans les galeries de mon palais.

MERCURE.

Vous sortirez d'erreur, quand je vous dirai que c'est une troupe de faquins, ou plutôt de fantômes chimériques, qui, n'étant que de fades copies de beaucoup de personnages modernes, ont eu pourtant l'audace de prendre le nom des plus grands héros de l'antiquité; mais dont la vie a été fort courte, et qui errent maintenant sur les bords du Cocyte et du Styx. Je m'étonne que vous y ayez été trompé. Ne voyez-vous pas que ces gens-là n'ont nul caractère du héros? Tout ce qui les soutient aux yeux des hommes, c'est un certain oripeau et un faux clinquant de paroles, dont les ont habillés ceux qui ont écrit leur vie, et qu'il n'y a qu'à leur ôter pour les faire paroître tels qu'ils sont. J'ai même amené des Champs-Élysées, en venant ici, un François pour les reconnoître quand ils seront dépouillés. Car je me persuade que vous consentirez sans peine qu'ils le soient.

PLUTON.

J'y consens si bien, que je veux que sur-le-champ la chose ici soit exécutée. Et pour ne point perdre de temps, gardes, qu'on les fasse de ce pas sortir tous de mes galeries par les portes dérobées, et qu'on les amène tous dans la grande place. Pour nous, allons nous mettre sur le balcon de cette fenêtre basse, d'où nous pourrons les contempler, et leur parler tout à notre aise. Qu'on y porte nos siéges. Mercure, mettez-vous à ma droite; et vous, Minos, à ma gauche : et que Diogène se tienne derrière nous.

MINOS.

Les voilà qui arrivent en foule.

PLUTON.

Y sont-ils tous?

UN GARDE.

On n'en a laissé aucun dans les galeries.

PLUTON.

Accourez donc, vous tous, fidèles exécuteurs de mes volontés, spectres, larves, démons, furies, milices infernales que j'ai fait assembler !

Qu'on m'entoure tous ces prétendus héros, et qu'on me les dépouille.

CYRUS.

Quoi! vous ferez dépouiller un conquérant comme moi?

PLUTON.

Hé, de grace, généreux Cyrus, il faut que vous passiez le pas.

HORATIUS COCLÈS.

Quoi! un Romain comme moi, qui a défendu lui seul un pont contre toutes les forces de Porsenna, vous ne le considèrerez pas plus qu'un coupeur de bourses?

PLUTON.

Je m'en vais te faire chanter.

ASTRATE.

Quoi! un galant aussi tendre et aussi passionné que moi, vous le ferez maltraiter?

PLUTON.

Je m'en vais te faire voir la reine. Ah! les voilà dépouillés.

MERCURE.

Où est le François que j'ai amené?

LE FRANÇOIS.

Me voilà, seigneur. Que souhaitez-vous?

MERCURE.

Tiens, regarde bien tous ces gens-là : les connois-tu?

LE FRANÇOIS.

Si je les connois! Hé, ce sont tous des bourgeois de mon quartier. Bonjour, madame Lucrèce; bonjour, monsieur Brutus; bonjour, mademoiselle Clélie; bonjour, monsieur Horatius Coclès.

PLUTON.

Tu vas voir accommoder tes bourgeois de toutes piéces. Allons, qu'on ne les épargne point, et qu'après qu'ils auront été abondamment fustigés, on me les conduise tous sans différer droit aux bords du fleuve de Léthé [1]. Puis, lorsqu'ils y seront arrivés, qu'on me les jette tous, la tête la première, dans l'endroit du fleuve le plus profond, eux, leurs billets doux, leurs lettres galantes, leurs vers passionnés, avec tous les nombreux volumes, ou, pour mieux dire, les monceaux de ridicule papier, où sont écrites leurs histoires. Marchez donc, faquins, autrefois si grands héros! Vous voilà arrivés à votre fin, ou,

---

[1] Fleuve de l'oubli. (BOIL.)

pour mieux dire, au dernier acte de la comédie que vous avez jouée si peu de temps.

CHOEUR DE HÉROS,
s'en allant chargé d'escourgées.

Ah! La Calprenéde! Ah! Scudéri!

PLUTON.

Hé, que ne les tiens-je! que ne les tiens-je! Ce n'est pas tout, Minos : il faut que vous vous en alliez tout de ce pas donner ordre que la même justice se fasse sur tous leurs pareils dans les autres provinces de mon royaume.

MINOS.

Je me charge avec plaisir de cette commission.

MERCURE.

Mais voici les véritables héros qui arrivent et qui demandent à vous entretenir : ne voulez-vous pas qu'on les introduise?

PLUTON.

Je serois ravi de les voir; mais je suis si fatigué des sottises que m'ont dites tous ces impertinents usurpateurs de leurs noms, que vous trouverez bon qu'avant tout j'aille faire un somme.

FRAGMENT
D'UN AUTRE DIALOGUE[1].

APOLLON, HORACE, DES MUSES, DES POÈTES.

HORACE.
Tout le monde est surpris, grand Apollon, des abus que vous laissez régner sur le Parnasse.

[1] M. Despréaux, dans la préface de son édition de 1664, après avoir parlé de ce qu'il y avoit ajouté, dit : « J'a- « vois dessein d'y joindre aussi quelques dialogues en « prose que j'ai composés. » Il n'a donné dans la suite que le dialogue sur les romans. (C'est celui qu'on vient de lire.) Il en avoit composé un autre, pour montrer qu'on ne sauroit bien parler, ou du moins s'assurer qu'on parle bien une langue morte. Mais il ne l'a jamais voulu publier, de peur d'offenser plusieurs de nos poëtes latins, qui étoient ses amis et ses traducteurs. Il ne l'a pas même confié au papier. Cependant il m'en récita un jour ce que sa mémoire lui put fournir, et j'allai sur-le-champ écrire ce que j'en avois retenu. Quoique je n'aie conservé ni les graces de sa diction, ni toute la suite de ses pensées, peut-être ne sera-t-on pas fâché de voir mon extrait, pour juger du tour qu'il avoit imaginé. (BROSS.)

APOLLON.

Et depuis quand, Horace, vous avisez-vous de parler françois?

HORACE.

Les François se mêlent bien de parler latin. Ils estropient quelques uns de mes vers : ils en font de même à mon ami Virgile; et quand ils ont accroché, je ne sais comment, *disjecti membra poetæ*, ainsi que je parlois autrefois, ils veulent figurer avec nous.

APOLLON.

Je ne comprends rien à vos plaintes : de qui donc me parlez-vous?

HORACE.

Leurs noms me sont inconnus : c'est aux muses de nous les apprendre.

APOLLON.

Calliope, dites-moi, qui sont ces gens-là? C'est une chose étrange, que vous les inspiriez, et que je n'en sache rien.

CALLIOPE.

Je vous jure que je n'en ai aucune connoissance. Ma sœur Érato sera peut-être mieux instruite que moi.

ÉRATO.

Toutes les nouvelles que j'en ai, c'est par un pauvre libraire, qui faisoit dernièrement retentir notre vallon de cris affreux. Il s'étoit ruiné à imprimer quelques ouvrages de ces plagiaires, et il venoit se plaindre ici de vous et de nous, comme si nous devions répondre de leurs actions, sous prétexte qu'ils se tiennent au pied du Parnasse.

APOLLON.

Le bon homme croit-il que nous sachions ce qui se passe hors de notre enceinte? Mais nous voilà bien embarrassés pour savoir leurs noms. Puisqu'ils ne sont pas loin de nous, faisons-les monter pour un moment. Horace, allez leur ouvrir une des portes.

CALLIOPE.

Si je ne me trompe, leur figure sera réjouissante, ils nous donneront la comédie.

HORACE.

Quelle troupe ! Nous allons être accablés, s'ils entrent tous. Messieurs, doucement : les uns après les autres.

UN POÈTE, s'adressant à Apollon.

Da, Thymbræe, loqui....

AUTRE POÈTE, à Calliope.

Dic mihi, musa, virum....

TROISIÈME POÈTE, à Erato.

Nunc age, qui reges, Erato....

APOLLON.

Laissez vos compliments, et dites-nous d'abord vos noms.

UN POÈTE.

Menagius.

AUTRE POÈTE.

Pererius.

TROISIÈME POÈTE.

Santolius.

APOLLON.

Et ce vieux bouquin que je vois parmi vous, comment s'appelle-t-il?

TEXTOR.

Je me nomme Ravisius Textor[1]. Quoique je sois en la compagnie de ces messieurs, je n'ai pas l'honneur d'être poëte : mais ils veulent m'avoir avec eux, pour leur fournir des épithètes au besoin.

[1] Jean Tessier, seigneur de Ravisi dans le Nivernois et professeur de l'université de Paris, a fait un livre intitulé : DELECTUS EPITHETORUM.

UN POÈTE.

Latonæ proles divina, Jovisque... Jovisque... Jovisque... *Heus tu, Textor!* Jovisque...

TEXTOR.

Magni....

LE POÈTE.

Non.

TEXTOR.

Omnipotentis.

LE POÈTE.

Non, Non.

TEXTOR.

Bicornis.

LE POÈTE.

Bicornis! *optime*. — Jovisque bicornis. Latonæ proles divina, Jovisque bicornis.

APOLLON.

Vous avez donc perdu l'esprit? Vous donnez des cornes à mon père.

LE POÈTE.

C'est pour finir le vers. J'ai pris la première épithète que Textor m'a donnée.

APOLLON.

Pour finir le vers, falloit-il dire une énorme sottise? Mais vous, Horace, faites aussi des vers françois.

HORACE.

C'est-à-dire qu'il faut que je vous donne aussi une scène à mes dépens, et aux dépens du sens commun ?

APOLLON.

Ce ne sera qu'aux dépens de ces étrangers. Rimez toujours.

HORACE.

Sur quel sujet ? Qu'importe ? Rimons, puisque Apollon l'ordonne. Le sujet viendra après.

Sur la rive du fleuve amassant de l'arène...

UN POÈTE.

Halte-là. On ne dit point en notre langue, sur *la rive* du fleuve, mais sur *le bord* de la rivière ; amasser *de l'arène*, ne se dit pas non plus; il faut dire, *du sable*.

HORACE.

Vous êtes plaisant ! Est-ce que *rive* et *bord* ne sont pas des mots synonymes, aussi bien que *fleuve* et *rivière* ? comme si je ne savois pas que dans votre cité de Paris la Seine passe sous le Pont-Nouveau ! Je sais tout cela sur l'extrémité du doigt.

UN POÈTE.

Quelle pitié ! Je ne conteste pas que toutes

vos expressions ne soient françoises ; mais je dis que vous les employez mal. Par exemple, quoique le mot de *cité* soit bon en soi, il ne vaut rien où vous le placez : on dit *la ville de Paris* ; de même on dit *le Pont-Neuf*, et non pas *le Pont-Nouveau* ; *savoir une chose sur le bout du doigt*, et non pas *sur l'extrémité du doigt*.

HORACE.

Puisque je parle si mal votre langue, croyez-vous, messieurs les faiseurs de vers latins, que vous soyez plus habiles dans la nôtre ? Pour vous dire nettement ma pensée, Apollon devroit vous défendre aujourd'hui pour jamais de toucher plume ni papier.

APOLLON.

Comme ils ont fait des vers sans ma permission, ils en feroient encore malgré ma défense. Mais, puisque dans les grands abus il faut des remèdes violents, punissons-les de la manière la plus terrible. Je crois l'avoir trouvée : c'est qu'ils soient obligés désormais à lire exactement les vers les uns des autres. Horace, faites-leur savoir ma volonté.

HORACE.

De la part d'Apollon, il est ordonné, etc.

SANTEUL.

Que je lise le galimatias de du Perrier? Moi! je n'en ferai rien : c'est à lui de lire mes vers.

DU PERRIER.

Je veux que Santeul[1] commence par me reconnoître pour son maître ; et après cela je verrai si je puis me résoudre à lire quelque chose de son phébus.

Ces poëtes continuent à se quereller. Ils s'accablent réciproquement d'injures ; et Apollon les fait chasser honteusement du Parnasse.

[1] On écrivoit alors indifféremment *Santeul* et *Santeuil*.

FIN DU SECOND VOLUME.

TABLE

DES MATIÈRES CONTENUES DANS CE VOLUME.

L'Art poétique. Pag. 3
Au Lecteur. 59
Avis au Lecteur. 64
Le Lutrin. 69

ODES.

Discours sur l'Ode. 131
Ode sur la prise de Namur. 137
Ode sur un bruit qui courut, en 1656, que Cromwell et les Anglois alloient faire la guerre à la France. 146

EPIGRAMMES.

I. A Climène. 148
II. A une Demoiselle. ibid.
III. Sur madame Claude, et Jean, son époux. 149
IV. Sur Gilles Boileau, frère aîné de l'auteur. ibid.
V. Contre Saint-Sorlin. 150
VI. Sur l'Agésilas de P. Corneille. ibid.
VII. Sur l'Attila du même. ibid.

VIII. A Racine. Pag. 151
IX. Contre Linière. ibid.
X. Sur une satire de l'abbé Cotin. 152
XI. Contre le même. ibid.
XII. Contre un athée. ibid.
XIII. Vers en style de Chapelain, pour mettre à la fin de son poëme de la Pucelle. 153
XIV. Vers de même style à mettre en chant. ibid.
XV. Le Débiteur reconnoissant. ibid.
XVI. Parodie de quelques vers de Chapelle. 154
XVII. A Pradon et Bonnecorse. ibid.
XVIII. Sur la fontaine de Bourbon. 155
XIX. Sur la manière de réciter du poëte Santeuil. ibid.
XX. Imitée de Martial. 156
XXI. A Perrault, sur les livres qu'il a faits contre les anciens. ibid.
XXII. Sur le même sujet. ibid.
XXIII. A Perrault. 157
XXIV. Au même. ibid.
XXV. A un médecin. 158
XXVI. Sur ce qu'on avoit lu à l'académie des vers contre Homère et Virgile. ibid.
XXVII. Même sujet. ibid.
XXVIII. Même sujet. ibid.

XXIX. Parodie burlesque de la première ode de Pindare, à la louange de Perrault. Pag. 158

XXX. Sur la réconciliation de l'auteur et de Perrault. 160

XXXI. Contre Boyer et La Chapelle. 161

XXXII. Sur une harangue d'un magistrat, dans laquelle les procureurs étoient fort maltraités. ibid.

XXXIII. Épitaphe. 162

XXXIV. Sur un portrait de l'auteur. ibid.

XXXV. Pour mettre au bas d'une gravure. ibid.

XXXVI. Aux révérends pères de Trévoux. 163

XXXVII. Aux mêmes. ibid.

XXXVIII. Aux mêmes, sur le livre des Flagellants. 164

XXXIX. L'Amateur d'horloge. 165

XL. Sur Maucroy. ibid.

POÉSIES DIVERSES.

I. Chanson a boire. 167

II. Autre. ibid.

III. Vers à mettre en chant. 168

IV. Chanson a boire, faite à Bâville, où étoit le Père Bourdaloue. 169

V. Sonnet sur une des parentes de l'auteur, qui mourut toute jeune entre les mains d'un charlatan. 170

VI. Même sujet. Pag. 171
VII. Stances à Molière, sur sa comédie de l'École des Femmes. 172
VIII. Épitaphe de la mère de l'auteur. 173
IX. Vers pour mettre au bas du portrait du père de l'auteur. 174
X. Sur le portrait de l'auteur. ibid.
XI. Sur son buste, fait par Girardon. 175
XII. Vers pour mettre au bas du portrait de Tavernier. 176
XIII. Vers faits pour mettre au bas d'un portrait de monseigneur le duc du Maine. 177
XIV. Autres pour mettre sous le buste du roi, fait par Girardon. ibid.
XV. Autres pour mettre au bas du portrait de mademoiselle de Lamoignon. 178
XVI. Autres pour mettre au bas du portrait de M. Hamon, médecin. 179
XVII. Autres pour mettre au bas du portrait de Racine. ibid.
XVIII. Autres pour mettre sous le portrait de La Bruyère, au-devant de son livre des Caractères du temps. 180
XIX. Épitaphe d'Arnauld. ibid.
XX. A madame la Présidente ***, sur le portrait du P. Bourdaloue. 181

XXI. Énigme. .Pag. 182
XXII. Quatrain sur un portrait de Rossinante, cheval de don Quichotte. ibid.
XXIII. Vers pour mettre au bas de LA MACARISE de l'abbé d'Aubignac. ibid.
XXIV. Le Bucheron et la Mort, fable. 183
XXV. Impromptu sur la prise de Mons. 184
XXVI. Sur Homère. ibid.
XXVII. Sur les Tuileries. 185

Avertissement au Lecteur. 187
Fragment d'un prologue d'opéra. 191
Chapelain décoiffé, parodie. 195
La Métamorphose de la perruque de Chapelain en comète. 209

Vers latins. 212

PIÈCES DIVERSES.

Dissertation sur Joconde. 217
Avertissement mis à la tête des œuvres posthumes de M. B. (Gilles Boileau). 248
Arrêt burlesque. 250
Remerciement à MM. de l'Académie françoise. 257
Discours sur le style des Inscriptions. 269
Épitaphe de Jean Racine. 273
Discours sur le dialogue suivant. 279

Les Héros de roman, dialogue à la manière de
Lucien. Pag. 289
Fragment de dialogue. 342

FIN DE LA TABLE.

www.ingramcontent.com/pod-product-compliance
Lightning Source LLC
Chambersburg PA
CBHW050733170426
43202CB00013B/2273